갓피플 180만 회원이 아침마다 은혜받은

GODpeople.com
오늘의 말씀 365

나의 영혼아
잠잠히 하나님만 바라라
무릇 나의 소망이
그로부터 나오는도다

시편 62:5

Find rest, O my soul, in God alone; my hope comes from him.
Psalms 62:5, NIV

Dear.

삶에 매여 있지만

말씀이신 예수님께 날마다 나아가는

_____님의 올 한 해가

그리스도의 충만함으로 가득하기를 기도하며

_____드림

주는 영이시니
주의 영이 계신 곳에는
자유가 있느니라

고린도후서 3:17

Now the Lord is the Spirit,
and where the Spirit of the Lord is, there is freedom.
2 Corinthians 3:17, NIV

보라 하나님은 나의 구원이시라
내가 신뢰하고 두려움이 없으리니
주 여호와는 나의 힘이시며
나의 노래시며 나의 구원이심이라
그러므로 너희가 기쁨으로
구원의 우물들에서 물을 길으리로다

이사야 12:2-3

Surely God is my salvation; I will trust and not be afraid.
The LORD, the LORD, is my strength and my song; he has become my salvation.
With joy you will draw water from the wells of salvation. - Isaiah 12:2-3, NIV

사람의 마음에는 많은 계획이 있어도
오직 여호와의 뜻만이 완전히 서리라

잠언 19:21

Many are the plans in a man's heart, but it is the LORD's purpose that prevails.
Proverbs 19:21, NIV

보라 내가 새 일을 행하리니
이제 나타낼 것이라
너희가 그것을 알지 못하겠느냐
반드시 내가 광야에 길을
사막에 강을 내리니

이사야 43:19

See, I am doing a new thing! Now it springs up; do you not perceive it?
I am making a way in the desert and streams in the wasteland. – Isaiah 43:19, NIV

일의 결국을 다 들었으니
하나님을 경외하고
그의 명령들을 지킬지어다
이것이 모든 사람의 본분이니라

전도서 12:13

Now all has been heard; here is the conclusion of the matter:
Fear God and keep his commandments, for this is the whole duty of man.
Ecclesiastes 12:13, NIV

네 길을 여호와께 맡기라
그를 의지하면 그가 이루시고

시편 37:5

Commit your way to the LORD;
trust in him and he will do this: - Psalms 37:5, NIV

우리는
구원 받는 자들에게나
망하는 자들에게나
하나님 앞에서 그리스도의 향기니

고린도후서 2:15

For we are to God the aroma of Christ
among those who are being saved and those who are perishing.
2 Corinthians 2:15, NIV

두려워하지 말라 내가 너와 함께 함이라
놀라지 말라 나는 네 하나님이 됨이라
내가 너를 굳세게 하리라
참으로 너를 도와 주리라
참으로 나의 의로운 오른손으로 너를 붙들리라

이사야 41:10

So do not fear, for I am with you; do not be dismayed, for I am your God.
I will strengthen you and help you;
I will uphold you with my righteous right hand. – Isaiah 41:10, NIV

나는 목마른 자에게 물을 주며
마른 땅에 시내가 흐르게 하며
나의 영을 네 자손에게,
나의 복을 네 후손에게 부어 주리니

이사야 44:3

For I will pour water on the thirsty land, and streams on the dry ground;
I will pour out my Spirit on your offspring, and my blessing on your descendants.
Isaiah 44:3, NIV

예수께서 대답하여 이르시되
하나님께서 보내신 이를 믿는 것이
하나님의 일이니라 하시니

요한복음 6:29

Jesus answered, "The work of God is this:
to believe in the one he has sent." – John 6:29, NIV

아들을 낳으리니 이름을 예수라 하라
이는 그가 자기 백성을 그들의 죄에서
구원할 자이심이라 하니라

마태복음 1:21

She will give birth to a son, and you are to give him the name Jesus,
because he will save his people from their sins." - Matthew 1:21, NIV

백성들아 시시로 그를 의지하고
그의 앞에 마음을 토하라
하나님은 우리의 피난처시로다 (셀라)

시편 62:8

Trust in him at all times, you people; pour out your hearts to him,
for God is our refuge. Selah – Psalms 62:8, NIV

그리스도의 사랑이 우리를 강권하시는도다
우리가 생각하건대
한 사람이 모든 사람을 대신하여 죽었은즉
모든 사람이 죽은 것이라

고린도후서 5:14

For Christ's love compels us,
because we are convinced that one died for all, and therefore all died.
2 Corinthians 5:14, NIV

너는 내게 부르짖으라
내가 네게 응답하겠고
네가 알지 못하는 크고 은밀한 일을
네게 보이리라

예레미야 33:3

'Call to me and I will answer you and tell you great
and unsearchable things you do not know.' – Jeremiah 33:3, NIV

할 수 있거든 너희로서는
모든 사람과 더불어 화목하라

로마서 12:18

If it is possible, as far as it depends on you, live at peace with everyone.
Romans 12:18, NIV

야곱아 너를 창조하신 여호와께서
지금 말씀하시느니라
이스라엘아 너를 지으신 이가 말씀하시느니라
너는 두려워하지 말라
내가 너를 구속하였고 내가 너를 지명하여 불렀나니
너는 내 것이라

이사야 43:1

But now, this is what the LORD says–
he who created you, O Jacob, he who formed you, O Israel: "Fear not, for I have redeemed you;
I have summoned you by name; you are mine. – Isaiah 43:1, NIV

나의 힘이신 여호와여
내가 주를 사랑하나이다

시편 18:1

I love you, O LORD, my strength. - Psalms 18:1, NIV

여호와의 말씀이니라
너희를 향한 나의 생각을 내가 아나니
평안이요 재앙이 아니니라
너희에게 미래와 희망을 주는 것이니라

예레미야 29:11

For I know the plans I have for you," declares the LORD,
"plans to prosper you and not to harm you,
plans to give you hope and a future. – Jeremiah 29:11, NIV

오직 마음에 숨은 사람을
온유하고 안정한 심령의
썩지 아니할 것으로 하라
이는 하나님 앞에 값진 것이니라

베드로전서 3:4

Instead, it should be that of your inner self,
the unfading beauty of a gentle and quiet spirit,
which is of great worth in God's sight. - 1 Peter 3:4, NIV

나는 인애를 원하고
제사를 원하지 아니하며
번제보다
하나님을 아는 것을 원하노라

호세아 6:6

For I desire mercy, not sacrifice, and acknowledgment of God
rather than burnt offerings. - Hosea 6:6, NIV

좁은 문으로 들어가기를 힘쓰라
내가 너희에게 이르노니
들어가기를 구하여도 못하는 자가 많으리라

누가복음 13:24

"Make every effort to enter through the narrow door,
because many, I tell you, will try to enter and will not be able to.
Luke 13:24, NIV

너의 행사를 여호와께 맡기라
그리하면
네가 경영하는 것이 이루어지리라

잠언 16:3

Commit to the LORD whatever you do,
and your plans will succeed. – Proverbs 16:3, NIV

그에게 들어가 이르되
은혜를 받은 자여 평안할지어다
주께서 너와 함께 하시도다 하니

누가복음 1:28

The angel went to her and said,
"Greetings, you who are highly favored! The Lord is with you."
Luke 1:28, NIV

모든 일을 그의 뜻의 결정대로
일하시는 이의 계획을 따라
우리가 예정을 입어
그 안에서 기업이 되었으니

에베소서 1:11

In him we were also chosen, having been predestined according to
the plan of him who works out everything in conformity with the purpose of his will
Ephesians 1:11, NIV

영접하는 자
곧 그 이름을 믿는 자들에게는
하나님의 자녀가 되는
권세를 주셨으니

요한복음 1:12

Yet to all who received him, to those who believed in his name,
he gave the right to become children of God
John 1:12, NIV

너를 축복하는 자에게는 내가 복을 내리고
너를 저주하는 자에게는 내가 저주하리니
땅의 모든 족속이
너로 말미암아 복을 얻을 것이라 하신지라

창세기 12:3

I will bless those who bless you, and whoever curses you I will curse;
and all peoples on earth will be blessed through you." – Genesis 12:3, NIV

그러나
무릇 여호와를 의지하며
여호와를 의뢰하는 그 사람은
복을 받을 것이라

예레미야 17:7

"But blessed is the man who trusts in the LORD,
whose confidence is in him. - Jeremiah 17:7, NIV

모든 지킬 만한 것 중에
더욱 네 마음을 지키라
생명의 근원이 이에서 남이니라

잠언 4:23

Above all else, guard your heart, for it is the wellspring of life.
Proverbs 4:23, NIV

주께서 생명의 길을 내게 보이시리니
주의 앞에는 충만한 기쁨이 있고
주의 오른쪽에는 영원한 즐거움이 있나이다

시편 16:11

You have made known to me the path of life;
you will fill me with joy in your presence,
with eternal pleasures at your right hand.
Psalms 16:11, NIV

나의 책망을 듣고 돌이키라
보라 내가 나의 영을 너희에게 부어 주며
내 말을 너희에게 보이리라

잠언 1:23

If you had responded to my rebuke, I would have poured out my heart to you
and made my thoughts known to you. – Proverbs 1:23, NIV

여호와여 우리에게 은혜를 베푸소서
우리가 주를 앙망하오니
주는 아침마다 우리의 팔이 되시며
환난 때에 우리의 구원이 되소서

이사야 33:2

O LORD, be gracious to us; we long for you.
Be our strength every morning, our salvation in time of distress.
Isaiah 33:2, NIV

내가 사망의 음침한 골짜기로 다닐지라도
해를 두려워하지 않을 것은
주께서 나와 함께 하심이라
주의 지팡이와 막대기가 나를 안위하시나이다

시편 23:4

Even though I walk through the valley of the shadow of death, I will fear no evil,
for you are with me; your rod and your staff, they comfort me. – Psalms 23:4, NIV

예수께서 이르시되
오히려 하나님의 말씀을
듣고 지키는 자가
복이 있느니라 하시니라

누가복음 11:28

He replied,
"Blessed rather are those who hear the word of God and obey it."
Luke 11:28, NIV

너희가 내 안에 거하고
내 말이 너희 안에 거하면
무엇이든지 원하는 대로 구하라
그리하면 이루리라

요한복음 15:7

If you remain in me and my words remain in you,
ask whatever you wish, and it will be given you. - John 15:7

13

너희 보물 있는 곳에는
너희 마음도 있으리라

누가복음 12:34

For where your treasure is, there your heart will be also.
Luke 12:34, NIV

내게 능력 주시는 자 안에서
내가 모든 것을 할 수 있느니라

빌립보서 4:13

I can do everything through him who gives me strength.
Philippians 4:13, NIV

여호와께서
너희를 기뻐하시고 너희를 택하심은
너희가 다른 민족보다
수효가 많기 때문이 아니니라
너희는 오히려 모든 민족 중에 가장 적으니라

신명기 7:7

The LORD did not set his affection on you and choose you
because you were more numerous than other peoples,
for you were the fewest of all peoples. - Deuteronomy 7:7, NIV

내가 여호와의 명령을 전하노라
여호와께서 내게 이르시되
너는 내 아들이라 오늘 내가 너를 낳았도다

시편 2:7

I will proclaim the decree of the LORD : He said to me,
"You are my Son ; today I have become your Father. – Psalms 2:7, NIV

내 눈을 돌이켜
허탄한 것을 보지 말게 하시고
주의 길에서 나를 살아나게 하소서

시편 119:37

Turn my eyes away from worthless things;
preserve my life according to your word. - Psalms 119:37, NIV

아무 것도 염려하지 말고
다만 모든 일에 기도와 간구로,
너희 구할 것을
감사함으로 하나님께 아뢰라

빌립보서 4:6

Do not be anxious about anything, but in everything, by prayer and petition,
with thanksgiving, present your requests to God. – Philippians 4:6, NIV

네가 철장으로 그들을 깨뜨림이여
질그릇 같이 부수리라 하시도다

시편 2:9

You will rule them with an iron scepter;
you will dash them to pieces like pottery. - Psalms 2:9, NIV

그는 시냇가에 심은 나무가
철을 따라 열매를 맺으며
그 잎사귀가 마르지 아니함 같으니
그가 하는 모든 일이 다 형통하리로다

시편 1:3

He is like a tree planted by streams of water,
which yields its fruit in season and whose leaf does not wither.
Whatever he does prospers. – Psalms 1:3, NIV

주의하라 깨어 있으라
그 때가 언제인지 알지 못함이라

마가복음 13:33

Be on guard! Be alert!
You do not know when that time will come.
Mark 13:33, NIV

영광의 왕이 누구시냐
강하고 능한 여호와시요
전쟁에 능한 여호와시로다

시편 24:8

Who is this King of glory? The LORD strong and mighty,
the LORD mighty in battle. – Psalms 24:8, NIV

또 이르시되 하나님의 나라는
사람이 씨를 땅에 뿌림과 같으니

마가복음 4:26

He also said, "This is what the kingdom of God is like.
A man scatters seed on the ground - Mark 4:26, NIV

내가 주의 권능과 영광을 보기 위하여
이와 같이 성소에서 주를 바라보았나이다

시편 63:2

I have seen you in the sanctuary
and beheld your power and your glory. – Psalms 63:2, NIV

악인은
쫓아오는 자가 없어도 도망하나
의인은
사자 같이 담대하니라

잠언 28:1

The wicked man flees though no one pursues,
but the righteous are as bold as a lion.
Proverbs 28:1, NIV

너희 중에 누구든지 지혜가 부족하거든
모든 사람에게 후히 주시고
꾸짖지 아니하시는 하나님께 구하라
그리하면 주시리라

야고보서 1:5

If any of you lacks wisdom, he should ask God,
who gives generously to all without finding fault, and it will be given to him.
James 1:5, NIV

사랑에는 거짓이 없나니
악을 미워하고 선에 속하라

로마서 12:9

Love must be sincere. Hate what is evil; cling to what is good.
Romans 12:9, NIV

오직 성령이 너희에게 임하시면
너희가 권능을 받고
예루살렘과 온 유대와 사마리아와
땅 끝까지 이르러
내 증인이 되리라 하시니라

사도행전 1:8

But you will receive power when the Holy Spirit comes on you;
and you will be my witnesses in Jerusalem, and in all Judea and Samaria,
and to the ends of the earth. – Acts 1:8, NIV

여호와께서 이르시되
내가 친히 가리라
내가 너를 쉬게 하리라

출애굽기 33:14

The LORD replied,
"My Presence will go with you, and I will give you rest."
Exodus 33:14, NIV

여호와께서 명령하사
네 창고와 네 손으로 하는 모든 일에
복을 내리시고
네 하나님 여호와께서 네게 주시는 땅에서
네게 복을 주실 것이며

신명기 28:8

The LORD will send a blessing on your barns
and on everything you put your hand to.
The LORD your God will bless you in the land he is giving you.
Deuteronomy 28:8, NIV

선한 말은 꿀송이 같아서
마음에 달고 뼈에 양약이 되느니라

잠언 16:24

Pleasant words are a honeycomb,
sweet to the soul and healing to the bones.
Proverbs 16:24, NIV

소망 중에 즐거워하며
환난 중에 참으며 기도에 항상 힘쓰며

로마서 12:12

Be joyful in hope, patient in affliction, faithful in prayer.
Romans 12:12, NIV

너희는 여호와를
만날 만한 때에 찾으라
가까이 계실 때에 그를 부르라

이사야 55:6

Seek the LORD while he may be found; call on him while he is near.
Isaiah 55:6, NIV

주께서 심지가 견고한 자를
평강하고 평강하도록 지키시리니
이는 그가 주를 신뢰함이니이다

이사야 26:3

You will keep in perfect peace him whose mind is steadfast,
because he trusts in you. – Isaiah 26:3, NIV

이와 같이
우리 많은 사람이 그리스도 안에서
한 몸이 되어
서로 지체가 되었느니라

로마서 12:5

so in Christ we who are many form one body,
and each member belongs to all the others.
Romans 12:5, NIV

도움을 구하러
애굽으로 내려가는 자들은 화 있을진저
그들은 말을 의지하며 병거의 많음과
마병의 심히 강함을 의지하고
이스라엘의 거룩하신 이를 앙모하지 아니하며
여호와를 구하지 아니하나니

이사야 31:1

Woe to those who go down to Egypt for help, who rely on horses,
who trust in the multitude of their chariots and in the great strength of their horsemen,
but do not look to the Holy One of Israel, or seek help from the LORD.
Isaiah 31:1, NIV

온유한 자는 복이 있나니
그들이 땅을 기업으로 받을 것임이요

마태복음 5:5

Blessed are the meek, for they will inherit the earth.
Matthew 5:5, NIV

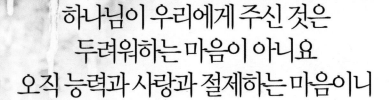

하나님이 우리에게 주신 것은
두려워하는 마음이 아니요
오직 능력과 사랑과 절제하는 마음이니

디모데후서 1:7

For God did not give us a spirit of timidity,
but a spirit of power, of love and of self-discipline. - 2 Timothy 1:7, NIV

그 때에 여호와께서
자기의 땅을 극진히 사랑하시어
그의 백성을 불쌍히 여기실 것이라

요엘 2:18

Then the LORD will be jealous for his land and take pity on his people.
Joel 2:18, NIV

항상 기뻐하라
쉬지 말고 기도하라
범사에 감사하라
이것이 그리스도 예수 안에서
너희를 향하신 하나님의 뜻이니라

데살로니가전서 5:16-18

Be joyful always; pray continually; give thanks in all circumstances,
for this is God's will for you in Christ Jesus. - 1 Thessalonians 5:16-18, NIV

예수는 지혜와 키가 자라가며
하나님과 사람에게
더욱 사랑스러워 가시더라

누가복음 2:52

And Jesus grew in wisdom and stature,
and in favor with God and men. - Luke 2:52, NIV

주께서 이르시되
네 발의 신을 벗으라
네가 서 있는 곳은 거룩한 땅이니라

사도행전 7:33

"Then the Lord said to him, 'Take off your sandals;
the place where you are standing is holy ground. – Acts 7:33, NIV

만물보다 거짓되고 심히 부패한 것은
마음이라
누가 능히 이를 알리요마는
나 여호와는 심장을 살피며 폐부를 시험하고
각각 그의 행위와 그의 행실대로 보응하나니

예레미야 17:9-10

The heart is deceitful above all things and beyond cure.
Who can understand it?
"I the LORD search the heart and examine the mind,
to reward a man according to his conduct, according to what his deeds deserve."
Jeremiah 17:9-10, NIV

주를 찾는 자는
다 주 안에서 즐거워하고 기뻐하게 하시며
주의 구원을 사랑하는 자는
항상 말하기를
여호와는 위대하시다 하게 하소서

시편 40:16

But may all who seek you rejoice and be glad in you;
may those who love your salvation always say, "The LORD be exalted!"
Psalms 40:16, NIV

그가 시험을 받아 고난을 당하셨은즉
시험 받는 자들을
능히 도우실 수 있느니라

히브리서 2:18

Because he himself suffered when he was tempted,
he is able to help those who are being tempted.
Hebrews 2:18, NIV

여호와여 은총을 베푸사
나를 구원하소서
여호와여 속히 나를 도우소서

시편 40:13

Be pleased, O LORD, to save me; O LORD, come quickly to help me.
Psalms 40:13, NIV

이는 물이 바다를 덮음 같이
여호와의 영광을 인정하는 것이
세상에 가득함이니라

하박국 2:14

For the earth will be filled with the knowledge
of the glory of the LORD, as the waters cover the sea.
Habakkuk 2:14, NIV

그러므로 너희 담대함을 버리지 말라
이것이 큰 상을 얻게 하느니라

히브리서 10:35

So do not throw away your confidence; it will be richly rewarded.
Hebrews 10:35, NIV

자녀들아 우리가
말과 혀로만 사랑하지 말고
행함과 진실함으로 하자

요한1서 3:18

Dear children, let us not love with words or tongue
but with actions and in truth. - 1 John 3:18, NIV

여호와여
주의 긍휼을 내게서 거두지 마시고
주의 인자와 진리로
나를 항상 보호하소서

시편 40:11

Do not withhold your mercy from me, O LORD;
may your love and your truth always protect me. - Psalms 40:11, NIV

다만 너희는 그의 나라를 구하라
그리하면 이런 것들을
너희에게 더하시리라

누가복음 12:31

But seek his kingdom, and these things will be given to you as well.
Luke 12:31, NIV

나의 의인은
믿음으로 말미암아 살리라
또한 뒤로 물러가면
내 마음이 그를
기뻐하지 아니하리라 하셨느니라

히브리서 10:38

But my righteous one will live by faith.
And if he shrinks back, I will not be pleased with him." – Hebrews 10:38, NIV

살리는 것은 영이니
육은 무익하니라
내가 너희에게 이른 말은
영이요 생명이라

요한복음 6:63

The Spirit gives life; the flesh counts for nothing.
The words I have spoken to you are spirit and they are life.
John 6:63, NIV

원수 갚는 것이 내게 있으니
내가 갚으리라 하시고
또 다시 주께서
그의 백성을 심판하리라 말씀하신 것을
우리가 아노니

히브리서 10:30

For we know him who said, "It is mine to avenge; I will repay,"
and again, "The Lord will judge his people." – Hebrews 10:30, NIV

예수께서 이르시되
가라 네 믿음이 너를 구원하였느니라 하시니
그가 곧 보게 되어
예수를 길에서 따르니라

마가복음 10:52

"Go," said Jesus, "your faith has healed you."
Immediately he received his sight and followed Jesus along the road.
Mark 10:52, NIV

나를 기가 막힐 웅덩이와 수렁에서
끌어올리시고
내 발을 반석 위에 두사
내 걸음을 견고하게 하셨도다

시편 40:2

He lifted me out of the slimy pit, out of the mud and mire;
he set my feet on a rock and gave me a firm place to stand.
Psalms 40:2, NIV

하나님이 능히
모든 은혜를 너희에게 넘치게 하시나니
이는 너희로 모든 일에
항상 모든 것이 넉넉하여
모든 착한 일을 넘치게 하게 하려 하심이라

고린도후서 9:8

And God is able to make all grace abound to you, so that in all things
at all times, having all that you need, you will abound in every good work.
2 Corinthians 9:8, NIV

그러므로 형제들아
우리가
예수의 피를 힘입어
성소에 들어갈 담력을 얻었나니

히브리서 10:19

Therefore, brothers, since we have confidence to enter
the Most Holy Place by the blood of Jesus, – Hebrews 10:19, NIV

그들은 잠시 자기의 뜻대로
우리를 징계하였거니와
오직 하나님은 우리의 유익을 위하여
그의 거룩하심에 참여하게 하시느니라

히브리서 12:10

Our fathers disciplined us for a little while as they thought best;
but God disciplines us for our good, that we may share in his holiness.
Hebrews 12:10, NIV

구부러진 말을 네 입에서 버리며
비뚤어진 말을 네 입술에서 멀리 하라

잠언 4:24

Put away perversity from your mouth;
keep corrupt talk far from your lips. – Proverbs 4:24, NIV

하나님이여 내 기도를 들으시며
내 입의 말에 귀를 기울이소서

시편 54:2

Hear my prayer, O God; listen to the words of my mouth.
Psalms 54:2, NIV

천만인이 나를
에워싸 진 친다 하여도
나는
두려워하지 아니하리이다

시편 3:6

I will not fear the tens of thousands drawn up against me on every side.
Psalms 3:6, NIV

그러나 이 모든 일에
우리를 사랑하시는 이로 말미암아
우리가 넉넉히 이기느니라

로마서 8:37

No, in all these things we are more than
conquerors through him who loved us.
Romans 8:37, NIV

그가 또 엘리야의 심령과 능력으로
주 앞에 먼저 와서
아버지의 마음을 자식에게,
거스르는 자를 의인의 슬기에 돌아오게 하고
주를 위하여 세운 백성을 준비하리라

누가복음 1:17

And he will go on before the Lord, in the spirit and power of Elijah,
to turn the hearts of the fathers to their children
and the disobedient to the wisdom of the righteous
–to make ready a people prepared for the Lord." – Luke 1:17, NIV

너는 하나님과 화목하고 평안하라
그리하면 복이 네게 임하리라

욥기 22:21

"Submit to God and be at peace with him;
in this way prosperity will come to you.
Job 22:21, NIV

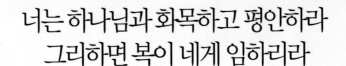

13

너희는 믿음 안에 있는가
너희 자신을 시험하고 너희 자신을 확증하라
예수 그리스도께서 너희 안에 계신 줄을
너희가 스스로 알지 못하느냐
그렇지 않으면 너희는 버림 받은 자니라

고린도후서 13:5

Examine yourselves to see whether you are in the faith; test yourselves.
Do you not realize that Christ Jesus is in you—unless, of course, you fail the test?
2 Corinthians 13:5, NIV

우리가 사랑함은
그가 먼저 우리를 사랑하셨음이라

요한1서 4:19

We love because he first loved us. - 1 John 4:19, NIV

나를 사랑하는 자들이
나의 사랑을 입으며
나를 간절히 찾는 자가
나를 만날 것이니라

잠언 8:17

I love those who love me, and those who seek me find me.
Proverbs 8:17, NIV

무엇이든지
밖에서 사람에게로 들어가는 것은
능히 사람을 더럽게 하지 못하되
사람 안에서 나오는 것이
사람을 더럽게 하는 것이니라 하시고

마가복음 7:15-16

Nothing outside a man can make him 'unclean' by going into him.
Rather, it is what comes out of a man that makes him 'unclean.'
Mark 7:15-16, NIV

다윗이 블레셋 사람에게 이르되
너는 칼과 창과 단창으로 내게 나아 오거니와
나는 만군의 여호와의 이름
곧 네가 모욕하는 이스라엘 군대의
하나님의 이름으로 네게 나아가노라

사무엘상 17:45

David said to the Philistine, "You come against me with sword and spear and javelin,
but I come against you in the name of the LORD Almighty,
the God of the armies of Israel, whom you have defied. – 1 Samuel 17:45, NIV

뱀이 그 간계로 하와를 미혹한 것 같이
너희 마음이
그리스도를 향하는 진실함과 깨끗함에서 떠나
부패할까 두려워하노라

고린도후서 11:3

But I am afraid that just as Eve was deceived by the serpent's cunning,
your minds may somehow be led astray from your sincere
and pure devotion to Christ. - 2 Corinthians 11:3, NIV

푯대를 향하여 그리스도 예수 안에서
하나님이 위에서 부르신
부름의 상을 위하여 달려가노라

빌립보서 3:14

I press on toward the goal to win the prize for which
God has called me heavenward in Christ Jesus. – Philippians 3:14, NIV

너는 그리스도 예수의 좋은 병사로 나와 함께 고난을 받으라

디모데후서 2:3

Endure hardship with us like a good soldier of Christ Jesus.
2 Timothy 2:3, NIV

그가 사모하는 영혼에게
만족을 주시며
주린 영혼에게
좋은 것으로 채워주심이로다

시편 107:9

for he satisfies the thirsty and fills the hungry with good things.
Psalms 107:9, NIV

오직 나는 주의 풍성한 사랑을 힘입어
주의 집에 들어가 주를 경외함으로
성전을 향하여 예배하리이다

시편 5:7

But I, by your great mercy, will come into your house;
in reverence will I bow down toward your holy temple.
Psalms 5:7, NIV

아버지가 자식을 긍휼히 여김 같이
여호와께서는 자기를 경외하는 자를
긍휼히 여기시나니

시편 103:13

As a father has compassion on his children,
so the LORD has compassion on those who fear him;
Psalms 103:13, NIV

내가 너희에게 이르노니
속히 그 원한을 풀어 주시리라
그러나 인자가 올 때에
세상에서 믿음을 보겠느냐 하시니라

누가복음 18:8

I tell you, he will see that they get justice, and quickly.
However, when the Son of Man comes, will he find faith on the earth?
Luke 18:8, NIV

그의 거룩한 이름을
자랑하라
여호와를 구하는 자들은
마음이 즐거울지로다

시편 105:3

Glory in his holy name;
let the hearts of those who seek the LORD rejoice.
Psalms 105:3, NIV

그 후에 예수께서 나가사
레위라 하는 세리가
세관에 앉아 있는 것을 보시고
나를 따르라 하시니
그가 모든 것을 버리고 일어나 따르니라

누가복음 5:27-28

After this, Jesus went out and saw a tax collector
by the name of Levi sitting at his tax booth.
"Follow me," Jesus said to him, and Levi got up,
left everything and followed him. - Luke 5:27-28, NIV

한 사람이 두 주인을 섬기지 못할 것이니
혹 이를 미워하고 저를 사랑하거나
혹 이를 중히 여기고 저를 경히 여김이라
너희가 하나님과 재물을
겸하여 섬기지 못하느니라

마태복음 6:24

"No one can serve two masters. Either he will hate the one and love the other,
or he will be devoted to the one and despise the other.
You cannot serve both God and Money. – Matthew 6:24, NIV

나를 믿는 자는 성경에 이름과 같이
그 배에서 생수의 강이
흘러나오리라 하시니

요한복음 7:38

Whoever believes in me, as the Scripture has said,
streams of living water will flow from within him.
John 7:38, NIV

그러므로
그리스도께서 우리를 받아
하나님께 영광을 돌리심과 같이
너희도 서로 받으라

로마서 15:7

Accept one another, then, just as Christ accepted you,
in order to bring praise to God. – Romans 15:7, NIV

내가 너희에게 분부한
모든 것을 가르쳐 지키게 하라
볼지어다 내가 세상 끝날까지
너희와 항상 함께 있으리라 하시니라

마태복음 28:20

and teaching them to obey everything I have commanded you.
And surely I am with you always, to the very end of the age.
Matthew 28:20, NIV

주께서 인생으로
고생하게 하시며 근심하게 하심은
본심이 아니시로다

예레미야애가 3:33

For he does not willingly bring affliction or grief to the children of men.
Lamentations 3:33, NIV

이 모든 것 위에 사랑을 더하라
이는 온전하게 매는 띠니라

골로새서 3:14

And over all these virtues put on love,
which binds them all together in perfect unity.
Colossians 3:14, NIV

너희는
그리스도의 것이요
그리스도는
하나님의 것이니라

고린도전서 3:23

and you are of Christ, and Christ is of God.
1 Corinthians 3:23, NIV

의를 아는 자들아,
마음에 내 율법이 있는 백성들아,
너희는 내게 듣고
그들의 비방을 두려워하지 말라
그들의 비방에 놀라지 말라

이사야 51:7

Hear me, you who know what is right, you people who have my law in your hearts:
Do not fear the reproach of men or be terrified by their insults.

Isaiah 51:7, NIV

사람이 감당할 시험 밖에는 너희가 당한 것이 없나니
오직 하나님은 미쁘사
너희가 감당하지 못할 시험 당함을 허락하지 아니하시고
시험 당할 즈음에 또한 피할 길을 내사
너희로 능히 감당하게 하시느니라

고린도전서 10:13

No temptation has seized you except what is common to man.
And God is faithful; he will not let you be tempted beyond what you can bear.
But when you are tempted, he will also provide a way out so that
you can stand up under it. - 1 Corinthians 10:13, NIV

여호와여 주의 도를 내게 가르치소서
내가 주의 진리에 행하오리니
일심으로 주의 이름을 경외하게 하소서

시편 86:11

Teach me your way, O LORD, and I will walk in your truth;
give me an undivided heart, that I may fear your name.
Psalms 86:11, NIV

25

사람이 마땅히 우리를
그리스도의 일꾼이요
하나님의 비밀을 맡은 자로 여길지어다

고린도전서 4:1

So then, men ought to regard us as servants of Christ
and as those entrusted with the secret things of God.
1 Corinthians 4:1, NIV

지혜를 버리지 말라
그가 너를 보호하리라
그를 사랑하라 그가 너를 지키리라

잠언 4:6

Do not forsake wisdom, and she will protect you;
love her, and she will watch over you.
Proverbs 4:6, NIV

그리고
맡은 자들에게 구할 것은
충성이니라

고린도전서 4:2

Now it is required that those who have been given
a trust must prove faithful. - 1 Corinthians 4:2, NIV

오직 너희를 부르신 거룩한 이처럼
너희도 모든 행실에 거룩한 자가 되라

베드로전서 1:15

But just as he who called you is holy, so be holy in all you do;
1 Peter 1:15, NIV

예수께서 이르시되
내가 곧 길이요 진리요 생명이니
나로 말미암지 않고는
아버지께로 올 자가 없느니라

요한복음 14:6

Jesus answered, "I am the way and the truth and the life.
No one comes to the Father except through me.
John 14:6, NIV

예수께서 이르시되
네 마음을 다하고 목숨을 다하고
뜻을 다하여
주 너의 하나님을 사랑하라 하셨으니

마태복음 22:37

Jesus replied: " 'Love the Lord your God with all your heart
and with all your soul and with all your mind.'
Matthew 22:37, NIV

십자가의 도가
멸망하는 자들에게는 미련한 것이요
구원을 받는 우리에게는
하나님의 능력이라

고린도전서 1:18

For the message of the cross is foolishness to those who are
perishing, but to us who are being saved it is the power of God.
1 Corinthians 1:18, NIV

상한 갈대를 꺾지 아니하며
꺼져가는 심지를 끄지 아니하기를
심판하여 이길 때까지 하리니

마태복음 12:20

A bruised reed he will not break, and a smoldering
wick he will not snuff out, till he leads justice to victory.
Matthew 12:20, NIV

만군의 여호와께서 경영하셨은즉
누가 능히 그것을 폐하며
그의 손을 펴셨은즉
누가 능히 그것을 돌이키랴

이사야 14:27

For the LORD Almighty has purposed, and who can thwart him?
His hand is stretched out, and who can turn it back? – Isaiah 14:27, NIV

하늘로부터 소리가 나기를
너는 내 사랑하는 아들이라
내가 너를 기뻐하노라 하시니라

마가복음 1:11

And a voice came from heaven:
"You are my Son, whom I love; with you I am well pleased."
Mark 1:11, NIV

오라 우리가 굽혀 경배하며
우리를 지으신 여호와 앞에
무릎을 꿇자

시편 95:6

Come, let us bow down in worship, let us kneel before the LORD our Maker;
Psalms 95:6, NIV

너희는 마음에 근심하지 말라
하나님을 믿으니 또 나를 믿으라

요한복음 14:1

"Do not let your hearts be troubled.
Trust in God; trust also in me. - John 14:1, NIV

여호와께서는 그의 성전에 계시고
여호와의 보좌는 하늘에 있음이여
그의 눈이 인생을 통촉하시고
그의 안목이 그들을 감찰하시도다

시편 11:4

The LORD is in his holy temple; the LORD is on his heavenly throne.
He observes the sons of men; his eyes examine them. - Psalms 11:4, NIV

여호와께 감사하라
그는 선하시며
그 인자하심이 영원함이로다

시편 107:1

Give thanks to the LORD, for he is good; his love endures forever.
Psalms 107:1, NIV

너의 하나님 여호와가 너의 가운데에 계시니
그는 구원을 베푸실 전능자이시라
그가 너로 말미암아 기쁨을 이기지 못하시며
너를 잠잠히 사랑하시며
너로 말미암아 즐거이 부르며 기뻐하시리라 하리라

스바냐 3:17

The LORD your God is with you, he is mighty to save.
He will take great delight in you, he will quiet you with his love,
he will rejoice over you with singing. - Zephaniah 3:17, NIV

내가 주의 법도들을 사모하였사오니
주의 의로 나를 살아나게 하소서

시편 119:40

How I long for your precepts! Preserve my life in your righteousness.
Psalms 119:40, NIV

예수께서 대답하시되 기록된 바
사람이 떡으로만 살 것이 아니라
하였느니라

누가복음 4:4

Jesus answered, "It is written: 'Man does not live on bread alone.'"
Luke 4:4, NIV

주 앞에서 낮추라
그리하면 주께서 너희를 높이시리라

야고보서 4:10

Humble yourselves before the Lord, and he will lift you up.
James 4:10, NIV

너희는 눈을 높이 들어
누가 이 모든 것을 창조하였나 보라
주께서는 수효대로 만상을 이끌어 내시고
그들의 모든 이름을 부르시나니
그의 권세가 크고 그의 능력이 강하므로
하나도 빠짐이 없느니라

이사야 40:26

Lift your eyes and look to the heavens: Who created all these?
He who brings out the starry host one by one, and calls them each by name.
Because of his great power and mighty strength, not one of them is missing.
Isaiah 40:26, NIV

에브라임아 내가 네게 어떻게 하랴
유다야 내가 네게 어떻게 하랴
너희의 인애가
아침 구름이나 쉬 없어지는 이슬 같도다

호세아 6:4

"What can I do with you, Ephraim? What can I do with you, Judah?
Your love is like the morning mist, like the early dew that disappears.
Hosea 6:4, NIV

하나님이 그 길을 아시며
있는 곳을 아시나니
이는 그가 땅 끝까지 감찰하시며
온 천하를 살피시며

욥기 28:23-24

God understands the way to it and he alone knows where it dwells,
for he views the ends of the earth and sees everything under the heavens.
Job 28:23-24, NIV

그러므로
내일 일을 위하여 염려하지 말라
내일 일은 내일이 염려할 것이요
한 날의 괴로움은 그 날로 족하나라

마태복음 6:34

Therefore do not worry about tomorrow, for tomorrow will
worry about itself. Each day has enough trouble of its own.
Matthew 6:34, NIV

이와 같이 성령도
우리의 연약함을 도우시나니
우리는 마땅히 기도할 바를 알지 못하나
오직 성령이 말할 수 없는 탄식으로
우리를 위하여 친히 간구하시느니라

로마서 8:26

In the same way, the Spirit helps us in our weakness.
We do not know what we ought to pray for,
but the Spirit himself intercedes for us with groans that words cannot express.
Romans 8:26, NIV

예수께서 이르시되
나의 양식은
나를 보내신 이의 뜻을 행하며
그의 일을 온전히 이루는 이것이니라

요한복음 4:34

"My food," said Jesus,
"is to do the will of him who sent me and to finish his work.
John 4:34, NIV

지존자의 은밀한 곳에 거주하며
전능자의 그늘 아래에 사는 자여,

시편 91:1

He who dwells in the shelter of the Most High
will rest in the shadow of the Almighty. - Psalms 91:1, NIV

너희가 짐을 서로 지라
그리하여
그리스도의 법을 성취하라

갈라디아서 6:2

Carry each other's burdens,
and in this way you will fulfill the law of Christ.
Galatians 6:2, NIV

나는 여호와를 향하여 말하기를
그는 나의 피난처요 나의 요새요
내가 의뢰하는 하나님이라 하리니

시편 91:2

I will say of the LORD,
"He is my refuge and my fortress, my God, in whom I trust."
Psalms 91:2, NIV

너희는 말씀을 행하는 자가 되고
듣기만 하여
자신을 속이는 자가 되지 말라

야고보서 1:22

Do not merely listen to the word,
and so deceive yourselves. Do what it says.
James 1:22, NIV

이르시되
너희는 나를 누구라 하느냐

마태복음 16:15

"But what about you?" he asked. "Who do you say I am?"
Matthew 16:15, NIV

여호와여
주는 나의 등불이시니
여호와께서
나의 어둠을 밝히시리이다

사무엘하 22:29

You are my lamp, O LORD;
the LORD turns my darkness into light. - 2 Samuel 22:29, NIV

내가 주의 법을
어찌 그리 사랑하는지요
내가 그것을 종일
작은 소리로 읊조리나이다

시편 119:97

Oh, how I love your law! I meditate on it all day long.
Psalms 119:97, NIV

나는 내 사랑하는 자에게 속하였도다
그가 나를 사모하는구나

아가 7:10

I belong to my lover, and his desire is for me.
Song of Songs 7:10, NIV

주의 말씀은 내 발에 등이요
내 길에 빛이니이다

시편 119:105

Your word is a lamp to my feet and a light for my path.
Psalms 119:105, NIV

대저 여호와는 네가 의지할 이시니라
네 발을 지켜 걸리지 않게 하시리라

잠언 3:26

for the LORD will be your confidence
and will keep your foot from being snared. - Proverbs 3:26, NIV

너희 염려를 다 주께 맡기라
이는 그가 너희를 돌보심이라

베드로전서 5:7

Cast all your anxiety on him because he cares for you.
1 Peter 5:7, NIV

이것들을 증언하신 이가 이르시되
내가 진실로 속히 오리라 하시거늘
아멘 주 예수여 오시옵소서

요한계시록 22:20

He who testifies to these things says,
"Yes, I am coming soon." Amen. Come, Lord Jesus.
Revelation 22:20 , NIV

무슨 일을 하든지
마음을 다하여 주께 하듯 하고
사람에게 하듯 하지 말라

골로새서 3:23

Whatever you do, work at it with all your heart,
as working for the Lord, not for men,
Colossians 3:23, NIV

하나님의 나라는
먹는 것과 마시는 것이 아니요
오직 성령 안에 있는
의와 평강과 희락이라

로마서 14:17

For the kingdom of God is not a matter of eating and drinking,
but of righteousness, peace and joy in the Holy Spirit,
Romans 14:17, NIV

여호와는 나의 힘이요 노래시며
나의 구원이시로다
그는 나의 하나님이시니 내가 그를 찬송할 것이요
내 아버지의 하나님이시니
내가 그를 높이리로다

출애굽기 15:2

The LORD is my strength and my song; he has become my salvation.
He is my God, and I will praise him, my father's God, and I will exalt him.
Exodus 15:2, NIV

너희는 나에게 거룩할지어다
이는 나 여호와가 거룩하고
내가 또 너희를 나의 소유로 삼으려고
너희를 만민 중에서 구별하였음이니라

레위기 20:26

You are to be holy to me because I, the LORD, am holy,
and I have set you apart from the nations to be my own.
Leviticus 20:26 , NIV

여호와여 주의 이름을 아는 자는
주를 의지하오리니
이는 주를 찾는 자들을
버리지 아니하심이니이다

시편 9:10

Those who know your name will trust in you, for you, LORD,
have never forsaken those who seek you. - Psalms 9:10, NIV

아침 빛 같이 뚜렷하고
달 같이 아름답고 해 같이 맑고
깃발을 세운 군대 같이
당당한 여자가 누구인가

아가 6:10

Who is this that appears like the dawn, fair as the moon,
bright as the sun, majestic as the stars in procession?
Song of Songs 6:10 , NIV

주여 이제 내가 무엇을 바라리요
나의 소망은 주께 있나이다

시편 39:7

But now, Lord, what do I look for? My hope is in you.
Psalms 39:7, NIV

내 마음이 약해 질 때에
땅 끝에서부터 주께 부르짖으오리니
나보다 높은 바위에 나를 인도하소서

시편 61:2

From the ends of the earth I call to you, I call as my heart grows faint;
lead me to the rock that is higher than I. - Psalms 61:2, NIV

네 마음을 다하고 목숨을 다하고
뜻을 다하고 힘을 다하여
주 너의 하나님을 사랑하라 하신 것이요

마가복음 12:30

Love the Lord your God with all your heart and with all your soul
and with all your mind and with all your strength. - Mark 12:30, NIV

그들은 다 그 풍족한 중에서 넣었거니와
이 과부는 그 가난한 중에서
자기의 모든 소유 곧
생활비 전부를 넣었느니라 하시니라

마가복음 12:44

They all gave out of their wealth;
but she, out of her poverty, put in everything—all she had to live on.
Mark 12:44, NIV

그리하면 모든 지각에 뛰어난
하나님의 평강이
그리스도 예수 안에서
너희 마음과 생각을 지키시리라

빌립보서 4:7

And the peace of God, which transcends all understanding,
will guard your hearts and your minds in Christ Jesus.
Philippians 4:7, NIV

12

예수의 뒤로 그 발 곁에 서서
울며 눈물로 그 발을 적시고
자기 머리털로 닦고
그 발에 입맞추고 향유를 부으니

누가복음 7:38

and as she stood behind him at his feet weeping,
she began to wet his feet with her tears.
Then she wiped them with her hair,
kissed them and poured perfume on them.
Luke 7:38, NIV

너희가 노년에 이르기까지
내가 그리하겠고
백발이 되기까지 내가 너희를 품을 것이라
내가 지었은즉 내가 업을 것이요
내가 품고 구하여 내리라

이사야 46:4

Even to your old age and gray hairs I am he,
I am he who will sustain you. I have made you and I will carry you;
I will sustain you and I will rescue you. - Isaiah 46:4, NIV

이기는 그에게는
내가 내 보좌에 함께 앉게 하여 주기를
내가 이기고 아버지 보좌에
함께 앉은 것과 같이 하리라

요한계시록 3:21

To him who overcomes, I will give the right to sit with me on my throne,
just as I overcame and sat down with my Father on his throne.
Revelation 3:21, NIV

오직 정의를 물 같이,
공의를 마르지 않는 강 같이
흐르게 할지어다

아모스 5:24

But let justice roll on like a river, righteousness like a never-failing stream!
Amos 5:24, NIV

파괴하는 자가 너를 치러 올라왔나니
너는 산성을 지키며 길을 파수하며
네 허리를 견고히 묶고
네 힘을 크게 굳게 할지어다

나훔 2:1

An attacker advances against you, Nineveh.
Guard the fortress, watch the road, brace yourselves,
marshal all your strength! - Nahum 2:1, NIV

이 말씀을 하시고
그들을 향하사 숨을 내쉬며
이르시되 성령을 받으라

요한복음 20:22

And with that he breathed on them and said,
"Receive the Holy Spirit." - John 20:22, NIV

그의 능하신 행동을 찬양하며
그의 지극히 위대하심을 따라
찬양할지어다

시편 150:2

Praise him for his acts of power; praise him for his surpassing greatness.
Psalms 150:2, NIV

대답하되
주께서 쓰시겠다 하고

누가복음 19:34

They replied, "The Lord needs it." - Luke 19:34, NIV

내 아들아 네 마음을 내게 주며
네 눈으로 내 길을 즐거워할지어다

잠언 23:26

My son, give me your heart and let your eyes keep to my ways,
Proverbs 23:26, NIV

여호와의 말씀에
가련한 자들의 눌림과
궁핍한 자들의 탄식으로 말미암아
내가 이제 일어나 그를 그가 원하는
안전한 지대에 두리라 하시도다

시편 12:5

"Because of the oppression of the weak and the groaning of the needy,
I will now arise," says the LORD.
"I will protect them from those who malign them." - Psalms 12:5, NIV

우리는 그의 약속대로 의가 있는 곳인
새 하늘과 새 땅을 바라보도다

베드로후서 3:13

But in keeping with his promise
we are looking forward to a new heaven and a new earth,
the home of righteousness.
2 Peter 3:13, NIV

25

너희를 불러 그의 아들
예수 그리스도 우리 주와 더불어
교제하게 하시는
하나님은 미쁘시도다

고린도전서 1:9

God, who has called you into fellowship
with his Son Jesus Christ our Lord, is faithful.
1 Corinthians 1:9, NIV

그 형제를 미워하는 자마다
살인하는 자니 살인하는 자마다
영생이 그 속에 거하지 아니하는 것을
너희가 아는 바라

요한1서 3:15

Anyone who hates his brother is a murderer,
and you know that no murderer has eternal life in him.
1 John 3:15, NIV

그러나 여호와께서 기다리시나니
이는 너희에게 은혜를 베풀려 하심이요 일어나시리니
이는 너희를 긍휼히 여기려 하심이라
대저 여호와는 정의의 하나님이심이라
그를 기다리는 자마다 복이 있도다

이사야 30:18

Yet the LORD longs to be gracious to you; he rises to show you compassion.
For the LORD is a God of justice. Blessed are all who wait for him!
Isaiah 30:18, NIV

새 계명을 너희에게 주노니
서로 사랑하라
내가 너희를 사랑한 것 같이
너희도 서로 사랑하라

요한복음 13:34

"A new command I give you: Love one another.
As I have loved you, so you must love one another.
John 13:34, NIV

내가 너를 악한 자의 손에서 건지며
무서운 자의 손에서 구원하리라

예레미야 15:21

"I will save you from the hands of the wicked
and redeem you from the grasp of the cruel." - Jeremiah 15:21, NIV

화평하게 하는 자들은
화평으로 심어
의의 열매를 거두느니라

야고보서 3:18

Peacemakers who sow in peace raise a harvest of righteousness.
James 3:18, NIV

내 눈을 열어서 주의 율법에서
놀라운 것을 보게 하소서

시편 119:18

Open my eyes that I may see wonderful things in your law.
Psalms 119:18, NIV

그러므로 하늘에 계신
너희 아버지의 온전하심과 같이
너희도 온전하라

마태복음 5:48

Be perfect, therefore, as your heavenly Father is perfect.
Matthew 5:48, NIV

그대의 입을
땅의 티끌에 댈지어다
혹시 소망이 있을지로다

예레미야애가 3:29

Let him bury his face in the dust– there may yet be hope.
Lamentations 3:29, NIV

그가 비록 근심하게 하시나
그의 풍부한 인자하심에 따라
긍휼히 여기실 것임이라

예레미야애가 3:32

Though he brings grief, he will show compassion,
so great is his unfailing love. - Lamentations 3:32, NIV

여호와여 내 기도를 들으시며
내 간구에 귀를 기울이시고
주의 진실과 의로 내게 응답하소서

시편 143:1

O LORD, hear my prayer, listen to my cry for mercy;
in your faithfulness and righteousness come to my relief.
Psalms 143:1, NIV

좌로나 우로나 치우치지 말고
네 발을 악에서 떠나게 하라

잠언 4:27

Do not swerve to the right or the left; keep your foot from evil.
Proverbs 4:27, NIV

생각하건대 현재의 고난은
장차 우리에게 나타날 영광과
비교할 수 없도다

로마서 8:18

I consider that our present sufferings are not worth
comparing with the glory that will be revealed in us.
Romans 8:18, NIV

무릇 하나님께로부터 난 자마다
세상을 이기느니라
세상을 이기는 승리는 이것이니
우리의 믿음이니라

요한1서 5:4

for everyone born of God overcomes the world.
This is the victory that has overcome the world, even our faith.
1 John 5:4, NIV

그러므로 형제들아
내가 하나님의 모든 자비하심으로
너희를 권하노니
너희 몸을 하나님이 기뻐하시는
거룩한 산 제물로 드리라
이는 너희가 드릴 영적 예배니라

로마서 12:1

Therefore, I urge you, brothers, in view of God's mercy,
to offer your bodies as living sacrifices,
holy and pleasing to God—this is your spiritual act of worship.
Romans 12:1, NIV

이는 여호와의 집에 심겼음이여
우리 하나님의 뜰 안에서 번성하리로다

시편 92:13

planted in the house of the LORD,
they will flourish in the courts of our God.
Psalms 92:13, NIV

내가 여호와를 항상 내 앞에 모심이여
그가 나의 오른쪽에 계시므로
내가 흔들리지 아니하리로다

시편 16:8

I have set the LORD always before me.
Because he is at my right hand, I will not be shaken.
Psalms 16:8, NIV

주인이 이르되
잘하였다 착한 종이여
네가 지극히 작은 것에 충성하였으니
열 고을 권세를 차지하라 하고

누가복음 19:17

'Well done, my good servant!' his master replied.
'Because you have been trustworthy in a very small matter,
take charge of ten cities.' - Luke 19:17, NIV

인자로 말미암아 사람들이
너희를 미워하며 멀리하고 욕하고
너희 이름을 악하다 하여 버릴 때에는
너희에게 복이 있도다

누가복음 6:22

Blessed are you when men hate you,
when they exclude you and insult you and reject your name as evil,
because of the Son of Man. – Luke 6:22, NIV

하나님의 사랑 안에서
자신을 지키며 영생에 이르도록
우리 주 예수 그리스도의
긍휼을 기다리라

유다서 1:21

Keep yourselves in God's love as you wait for the
mercy of our Lord Jesus Christ to bring you to eternal life.
Jude 1:21, NIV

그는 흉한 소문을 두려워하지 아니함이여
여호와를 의뢰하고
그의 마음을 굳게 정하였도다

시편 112:7

He will have no fear of bad news;
his heart is steadfast, trusting in the LORD. - Psalms 112:7, NIV

26

그런즉
너희의 마음을 우리 하나님 여호와께
온전히 바쳐 완전하게 하여
오늘과 같이 그의 법도를 행하며
그의 계명을 지킬지어다

열왕기상 8:61

But your hearts must be fully committed to the LORD our God,
to live by his decrees and obey his commands, as at this time.
1 Kings 8:61, NIV

아브라함이
그 땅 이름을 여호와 이레라 하였으므로
오늘날까지 사람들이 이르기를
여호와의 산에서 준비되리라 하더라

창세기 22:14

So Abraham called that place The LORD Will Provide.
And to this day it is said, "On the mountain of the LORD it will be provided."
Genesis 22:14, NIV

영혼 없는 몸이 죽은 것 같이
행함이 없는 믿음은 죽은 것이니라

야고보서 2:26

As the body without the spirit is dead, so faith without deeds is dead.
James 2:26, NIV

내가 내 파수하는 곳에 서며 성루에 서리라
그가 내게 무엇이라 말씀하실는지
기다리고 바라보며 나의 질문에 대하여
어떻게 대답하실는지 보리라 하였더니

하박국 2:1

I will stand at my watch and station myself on the ramparts;
I will look to see what he will say to me,
and what answer I am to give to this complaint.
Habakkuk 2:1, NIV

너희 모든 일을
사랑으로 행하라

고린도전서 16:14

Do everything in love. - 1 Corinthians 16:14, NIV

보라 네가 알지 못하는 나라를
네가 부를 것이며
너를 알지 못하는 나라가 네게로 달려올 것은
여호와 네 하나님
곧 이스라엘의 거룩하신 이로 말미암음이니라
이는 그가 너를 영화롭게 하였느니라

이사야 55:5

Surely you will summon nations you know not,
and nations that do not know you will hasten to you,
because of the LORD your God,
the Holy One of Israel, for he has endowed you with splendor."
Isaiah 55:5, NIV

나 곧 나는 여호와라
나 외에 구원자가 없느니라

이사야 43:11

I, even I, am the LORD, and apart from me there is no savior.
Isaiah 43:11, NIV

인자가 온 것은
섬김을 받으려 함이 아니라
도리어 섬기려 하고
자기 목숨을
많은 사람의 대속물로 주려 함이니라

마가복음 10:45

For even the Son of Man did not come to be served,
but to serve, and to give his life as a ransom for many." - Mark 10:45, NIV

하나님이여
사슴이 시냇물을 찾기에 갈급함 같이
내 영혼이
주를 찾기에 갈급하니이다

시편 42:1

As the deer pants for streams of water,
so my soul pants for you, O God. - Psalms 42:1, NIV

하나님이여 주께서 우리를 시험하시되
우리를 단련하시기를
은을 단련함 같이 하셨으며

시편 66:10

For you, O God, tested us; you refined us like silver.
Psalms 66:10, NIV

높은 사람이나
낮은 사람을 막론하고
여호와를 경외하는 자들에게
복을 주시리로다

시편 115:13

he will bless those who fear the LORD–small and great alike.
Psalms 115:13, NIV

영생은
곧 유일하신 참 하나님과
그가 보내신 자 예수 그리스도를
아는 것이니이다

요한복음 17:3

Now this is eternal life: that they may know you,
the only true God, and Jesus Christ, whom you have sent.
John 17:3, NIV

광야에서 시험하던 날에
거역하던 것 같이
너희 마음을 완고하게 하지 말라

히브리서 3:8

do not harden your hearts as you did in the rebellion,
during the time of testing in the desert,
Hebrews 3:8, NIV

여인이 어찌 그 젖 먹는 자식을 잊겠으며
자기 태에서 난 아들을
긍휼히 여기지 않겠느냐
그들은 혹시 잊을지라도
나는 너를 잊지 아니할 것이라

이사야 49:15

"Can a mother forget the baby at her breast and have no compassion
on the child she has borne? Though she may forget, I will not forget you!
Isaiah 49:15, NIV

하나님이 이르시되
그가 나를 사랑한즉 내가 그를 건지리라
그가 내 이름을 안즉 내가 그를 높이리라

시편 91:14

"Because he loves me," says the LORD,
"I will rescue him; I will protect him, for he acknowledges my name.
Psalms 91:14, NIV

12

그러나 내가 이스라엘 가운데에
칠천 명을 남기리니
다 바알에게 무릎을 꿇지 아니하고
다 바알에게 입맞추지 아니한 자니라

열왕기상 19:18

Yet I reserve seven thousand in Israel–
all whose knees have not bowed down to Baal
and all whose mouths have not kissed him. - 1 Kings 19:18, NIV

이 백성은
내가 나를 위하여 지었나니
나를 찬송하게 하려 함이니라

이사야 43:21

the people I formed for myself that they may proclaim my praise.
Isaiah 43:21, NIV

그를 향하여
우리가 가진 바 담대함이 이것이니
그의 뜻대로 무엇을 구하면 들으심이라

요한1서 5:14

This is the confidence we have in approaching God:
that if we ask anything according to his will, he hears us.
1 John 5:14, NIV

나는 오직
주의 사랑을 의지하였사오니
나의 마음은 주의 구원을
기뻐하리이다

시편 13:5

But I trust in your unfailing love; my heart rejoices in your salvation.
Psalms 13:5, NIV

여호와께서
너를 위하여 하늘의 아름다운 보고를 여시사
네 땅에 때를 따라 비를 내리시고
네 손으로 하는 모든 일에 복을 주시리니
네가 많은 민족에게 꾸어줄지라도
너는 꾸지 아니할 것이요

신명기 28:12

The LORD will open the heavens, the storehouse of his bounty,
to send rain on your land in season and to bless all the work of your hands.
You will lend to many nations but will borrow from none.
Deuteronomy 28:12, NIV

형제들아 너희가 자유를 위하여
부르심을 입었으나 그러나
그 자유로 육체의 기회를 삼지 말고
오직 사랑으로 서로 종 노릇 하라

갈라디아서 5:13

You, my brothers, were called to be free.
But do not use your freedom to indulge the sinful nature;
rather, serve one another in love.
Galatians 5:13, NIV

너희 몸은
너희가 하나님께로부터 받은 바
너희 가운데 계신
성령의 전인 줄을 알지 못하느냐
너희는 너희 자신의 것이 아니라

고린도전서 6:19

Do you not know that your body is a temple of the Holy Spirit,
who is in you, whom you have received from God? You are not your own;
1 Corinthians 6:19, NIV

기도를 계속하고
기도에 감사함으로 깨어 있으라

골로새서 4:2

Devote yourselves to prayer, being watchful and thankful.
Colossians 4:2, NIV

나는 여호와이니 이는 내 이름이라
나는 내 영광을 다른 자에게,
내 찬송을 우상에게 주지 아니하리라

이사야 42:8

"I am the LORD; that is my name!
I will not give my glory to another or my praise to idols.
Isaiah 42:8, NIV

이에 일어나서 아버지께로 돌아가니라
아직도 거리가 먼데
아버지가 그를 보고 측은히 여겨
달려가 목을 안고 입을 맞추니

누가복음 15:20

So he got up and went to his father.
"But while he was still a long way off, his father saw him
and was filled with compassion for him; he ran to his son,
threw his arms around him and kissed him.
Luke 15:20, NIV

무릇 징계가 당시에는
즐거워 보이지 않고 슬퍼 보이나
후에 그로 말미암아 연단 받은 자들은
의와 평강의 열매를 맺느니라

히브리서 12:11

No discipline seems pleasant at the time, but painful.
Later on, however, it produces a harvest of righteousness
and peace for those who have been trained by it.
Hebrews 12:11, NIV

13

또 이르시되
너희는 온 천하에 다니며
만민에게 복음을 전파하라

마가복음 16:15

He said to them,
"Go into all the world and preach the good news to all creation.
Mark 16:15, NIV

악을 악으로, 욕을 욕으로 갚지 말고
도리어 복을 빌라
이를 위하여 너희가 부르심을 받았으니
이는 복을 이어받게 하려 하심이라

베드로전서 3:9

Do not repay evil with evil or insult with insult, but with blessing,
because to this you were called so that you may inherit a blessing.
1 Peter 3:9, NIV

미움은 다툼을 일으켜도
사랑은 모든 허물을 가리느니라

잠언 10:12

Hatred stirs up dissension, but love covers over all wrongs.
Proverbs 10:12, NIV

서로 친절하게 하며
불쌍히 여기며 서로 용서하기를
하나님이 그리스도 안에서
너희를 용서하심과 같이 하라

에베소서 4:32

Be kind and compassionate to one another,
forgiving each other, just as in Christ God forgave you.
Ephesians 4:32, NIV

내가
지존하신 하나님께 부르짖음이여
곧 나를 위하여
모든 것을 이루시는 하나님께로다

시편 57:2

I cry out to God Most High, to God, who fulfills his purpose for me.
Psalms 57:2

여호와로 인하여 기뻐하는 것이
너희의 힘이니라 하고

느헤미야 8:10 하반절

for the joy of the LORD is your strength.
Nehemiah 8:10 b, NIV

하나님이여 내게 은혜를 베푸소서
내게 은혜를 베푸소서
내 영혼이 주께로 피하되
주의 날개 그늘 아래에서
이 재앙들이 지나기까지 피하리이다

시편 57:1

Have mercy on me, O God, have mercy on me, for in you my soul takes refuge.
I will take refuge in the shadow of your wings until the disaster has passed.
Psalms 57:1, NIV

너희에게는 심지어
머리털까지도 다 세신 바 되었나니
두려워하지 말라
너희는 많은 참새보다 더 귀하니라

누가복음 12:7

Indeed, the very hairs of your head are all numbered.
Don't be afraid; you are worth more than many sparrows.
Luke 12:7, NIV

하나님의 나라는
말에 있지 아니하고
오직 능력에 있음이라

고린도전서 4:20

For the kingdom of God is not a matter of talk but of power.
1 Corinthians 4:20, NIV

여호와여 아침에
주께서 나의 소리를 들으시리니
아침에 내가
주께 기도하고 바라리이다

시편 5:3

In the morning, O LORD, you hear my voice;
in the morning I lay my requests before you and wait in expectation.
Psalms 5:3, NIV

모든 입으로
예수 그리스도를 주라 시인하여
하나님 아버지께
영광을 돌리게 하셨느니라

빌립보서 2:11

and every tongue confess that Jesus Christ is Lord,
to the glory of God the Father. - Philippians 2:11, NIV

내가 너희에게 행한 것 같이
너희도 행하게 하려 하여 본을 보였노라

요한복음 13:15

I have set you an example that you should do as I have done for you.
John 13:15, NIV

나는 선한 목자라
선한 목자는 양들을 위하여
목숨을 버리거니와

요한복음 10:11

I am the good shepherd.
The good shepherd lays down his life for the sheep.
John 10:11, NIV

그러므로 무엇이든지
남에게 대접을 받고자 하는 대로
너희도 남을 대접하라
이것이 율법이요 선지자니라

마태복음 7:12

So in everything, do to others what you would have them do to you,
for this sums up the Law and the Prophets. - Matthew 7:12, NIV

그리스도의 평강이
너희 마음을 주장하게 하라
너희는 평강을 위하여
한 몸으로 부르심을 받았나니
너희는 또한 감사하는 자가 되라

골로새서 3:15

Let the peace of Christ rule in your hearts,
since as members of one body you were called to peace.
And be thankful - Colossians 3:15, NIV

내 사랑하는 자들아
너희가 친히 원수를 갚지 말고
하나님의 진노하심에 맡기라
기록되었으되 원수 갚는 것이 내게 있으니
내가 갚으리라고 주께서 말씀하시니라

로마서 12:19

Do not take revenge, my friends, but leave room for God's wrath,
for it is written: "It is mine to avenge; I will repay,"says the Lord.
Romans 12:19, NIV

구원의 투구와 성령의 검
곧 하나님의 말씀을 가지라

에베소서 6:17

Take the helmet of salvation and the sword of the Spirit,
which is the word of God. - Ephesians 6:17, NIV

주 나의 하나님이여
내가 전심으로 주를 찬송하고
영원토록 주의 이름에 영광을 돌리오리니

시편 86:12

I will praise you, O Lord my God, with all my heart;
I will glorify your name forever.
Psalms 86:12, NIV

내가 그들에게
한 마음을 주고 그 속에 새 영을 주며
그 몸에서 돌 같은 마음을 제거하고
살처럼 부드러운 마음을 주어

에스겔 11:19

I will give them an undivided heart and put a new spirit in them;
I will remove from them their heart of stone and give them a heart of flesh.
Ezekiel 11:19, NIV

주께 힘을 얻고
그 마음에 시온의 대로가 있는 자는
복이 있나이다

시편 84:5

Blessed are those whose strength is in you,
who have set their hearts on pilgrimage.
Psalms 84:5, NIV

만군의 여호와께서 맹세하여 이르시되
내가 생각한 것이 반드시 되며
내가 경영한 것을 반드시 이루리라

이사야 14:24

The LORD Almighty has sworn, "Surely, as I have planned,
so it will be, and as I have purposed, so it will stand.
Isaiah 14:24, NIV

너는 마음을 다하여
여호와를 신뢰하고
네 명철을 의지하지 말라

잠언 3:5

Trust in the LORD with all your heart and
lean not on your own understanding;
Proverbs 3:5, NIV

예수 그리스도는 어제나 오늘이나 영원토록 동일하시니라

히브리서 13:8

Jesus Christ is the same yesterday and today and forever.
Hebrews 13:8, NIV

너희가 만일
불의한 재물에도 충성하지 아니하면
누가 참된 것으로 너희에게 맡기겠느냐

누가복음 16:11

So if you have not been trustworthy in handling worldly wealth,
who will trust you with true riches? - Luke 16:11, NIV

여호와께서 이스라엘 족속에게
이와 같이 말씀하시기를
너희는 나를 찾으라 그리하면 살리라

아모스 5:4

This is what the LORD says to the house of Israel:
"Seek me and live; - Amos 5:4, NIV

피차 사랑의 빚 외에는
아무에게든지 아무 빚도 지지 말라
남을 사랑하는 자는
율법을 다 이루었느니라

로마서 13:8

Let no debt remain outstanding,
except the continuing debt to love one another,
for he who loves his fellowman has fulfilled the law.
Romans 13:8, NIV

여호와께서는 너희를
자기 백성으로 삼으신 것을 기뻐하셨으므로
여호와께서는
그의 크신 이름을 위해서라도
자기 백성을 버리지 아니하실 것이요

사무엘상 12:22

For the sake of his great name the LORD will not reject his people,
because the LORD was pleased to make you his own.
1 Samuel 12:22, NIV

하나님은 모든 사람이
구원을 받으며 진리를 아는 데에
이르기를 원하시느니라

디모데전서 2:4

who wants all men to be saved and to come to a knowledge of the truth.
1 Timothy 2:4, NIV

하나님을 가까이하라
그리하면 너희를 가까이하시리라
죄인들아 손을 깨끗이 하라
두 마음을 품은 자들아
마음을 성결하게 하라

야고보서 4:8

Come near to God and he will come near to you.
Wash your hands, you sinners,
and purify your hearts, you double-minded. - James 4:8, NIV

오직 우리 주
곧 구주 예수 그리스도의 은혜와
그를 아는 지식에서 자라 가라
영광이 이제와 영원한 날까지
그에게 있을지어다

베드로후서 3:18

But grow in the grace and knowledge of our Lord and Savior
Jesus Christ. To him be glory both now and forever! Amen.
2 Peter 3:18, NIV

악에서 떠나 선을 행하고
화평을 구하며 그것을 따르라

베드로전서 3:11

He must turn from evil and do good;
he must seek peace and pursue it. - 1 Peter 3:11, NIV

너희는 그 은혜에 의하여
믿음으로 말미암아 구원을 받았으니
이것은 너희에게서 난 것이 아니요
하나님의 선물이라

에베소서 2:8

For it is by grace you have been saved,
through faith–and this not from yourselves, it is the gift of God.
Ephesians 2:8, NIV

너희가 아들이므로
하나님이 그 아들의 영을
우리 마음 가운데 보내사
아빠 아버지라 부르게 하셨느니라

갈라디아서 4:6

Because you are sons,
God sent the Spirit of his Son into our hearts,
the Spirit who calls out, "Abba, Father."
Galatians 4:6, NIV

하나님과 우리 주 예수를 앎으로
은혜와 평강이 너희에게
더욱 많을지어다

베드로후서 1:2

Grace and peace be yours in abundance through
the knowledge of God and of Jesus our Lord.
2 Peter 1:2, NIV

27

믿음은 바라는 것들의 실상이요
보이지 않는 것들의 증거니

히브리서 11:1

Now faith is being sure of what we hope for
and certain of what we do not see.
Hebrews 11:1, NIV

하나님의 나라를 전파하며
주 예수 그리스도에 관한 모든 것을
담대하게 거침없이 가르치더라

사도행전 28:31

Boldly and without hindrance he preached the
kingdom of God and taught about the Lord Jesus Christ.
Acts 28:31, NIV

내가 너희 중에서 예수 그리스도와
그가 십자가에 못 박히신 것 외에는
아무 것도 알지 아니하기로 작정하였음이라

고린도전서 2:2

For I resolved to know nothing while
I was with you except Jesus Christ and him crucified.
1 Corinthians 2:2, NIV

이것을 너희에게 이르는 것은
너희로 내 안에서 평안을 누리게 하려 함이라
세상에서는 너희가 환난을 당하나 담대하라
내가 세상을 이기었노라

요한복음 16:33

"I have told you these things, so that in me you may have peace.
In this world you will have trouble.
But take heart! I have overcome the world." - John 16:33, NIV

우리 주 예수 그리스도를
변함 없이 사랑하는 모든 자에게
은혜가 있을지어다

에베소서 6:24

Grace to all who love our Lord Jesus Christ with an undying love.
Ephesians 6:24, NIV

사랑은 이웃에게
악을 행하지 아니하나니 그러므로
사랑은 율법의 완성이니라

로마서 13:10

Love does no harm to its neighbor.
Therefore love is the fulfillment of the law.
Romans 13:10, NIV

너는 나 외에는
다른 신들을 네게 두지 말라

출애굽기 20:3

"You shall have no other gods before me.
Exodus 20:3, NIV

지극히 작은 것에 충성된 자는
큰 것에도 충성되고
지극히 작은 것에 불의한 자는
큰 것에도 불의하니라

누가복음 16:10

Whoever can be trusted with very little can also be trusted with much,
and whoever is dishonest with very little will also be dishonest with much.
Luke 16:10, NIV

우리가 이 보배를 질그릇에 가졌으니
이는 심히 큰 능력은 하나님께 있고
우리에게 있지 아니함을 알게 하려 함이라

고린도후서 4:7

But we have this treasure in jars of clay to show that
this all-surpassing power is from God and not from us.
2 Corinthians 4:7, NIV

내가 이르노니
너희는 성령을 따라 행하라
그리하면 육체의 욕심을
이루지 아니하리라

갈라디아서 5:16

So I say, live by the Spirit, and you will not gratify
the desires of the sinful nature. - Galatians 5:16, NIV

심히 교만한 말을 다시 하지 말 것이며
오만한 말을 너희의 입에서 내지 말지어다
여호와는 지식의 하나님이시라
행동을 달아 보시느니라

사무엘상 2:3

Do not keep talking so proudly or let your mouth speak such arrogance,
for the LORD is a God who knows, and by him deeds are weighed.
1 Samuel 2:3, NIV

그러나 주께 피하는 모든 사람은
다 기뻐하며
주의 보호로 말미암아 영원히 기뻐 외치고
주의 이름을 사랑하는 자들은
주를 즐거워하리이다

시편 5:11

But let all who take refuge in you be glad; let them ever sing for joy.
Spread your protection over them,
that those who love your name may rejoice in you. - Psalms 5:11, NIV

예수께서 이르시되
내 말이
네가 믿으면 하나님의 영광을 보리라
하지 아니하였느냐 하시니

요한복음 11:40

Then Jesus said, "Did I not tell you that if you believed,
you would see the glory of God?" - John 11:40, NIV

주를 두려워하는 자를 위하여
쌓아 두신 은혜
곧 주께 피하는 자를 위하여
인생 앞에 베푸신 은혜가 어찌 그리 큰지요

시편 31:19

How great is your goodness, which you have stored up for those who fear you,
which you bestow in the sight of men on those who take refuge in you.
Psalms 31:19, NIV

예수께서 이르시되
나는 생명의 떡이니 내게 오는 자는
결코 주리지 아니할 터이요
나를 믿는 자는
영원히 목마르지 아니하리라

요한복음 6:35

Then Jesus declared,
"I am the bread of life. He who comes to me will never go hungry,
and he who believes in me will never be thirsty.
John 6:35, NIV

그들은 내 백성이 되겠고
나는 그들의 하나님이 될 것이며

예레미야 32:38

They will be my people, and I will be their God.
Jeremiah 32:38, NIV

이는 우리가 믿음으로 행하고
보는 것으로 행하지 아니함이로라

고린도후서 5:7

We live by faith, not by sight. - 2 Corinthians 5:7, NIV

믿음이 없이는
하나님을 기쁘시게 하지 못하나니
하나님께 나아가는 자는 반드시 그가 계신 것과
또한 그가 자기를 찾는 자들에게
상 주시는 이심을 믿어야 할지니라

히브리서 11:6

And without faith it is impossible to please God,
because anyone who comes to him must believe that he exists
and that he rewards those who earnestly seek him.
Hebrews 11:6, NIV

이와 같이 너희도 기뻐하고
나와 함께 기뻐하라

빌립보서 2:18

So you too should be glad and rejoice with me.
Philippians 2:18, NIV

내가 네게 명령한 것이 아니냐
강하고 담대하라
두려워하지 말며 놀라지 말라
네가 어디로 가든지 네 하나님 여호와가
너와 함께 하느니라 하시니라

여호수아 1:9

Have I not commanded you? Be strong and courageous.
Do not be terrified; do not be discouraged,
for the LORD your God will be with you wherever you go. – Joshua 1:9, NIV

사람이 귀를 돌려 율법을 듣지 아니하면
그의 기도도 가증하니라

잠언 28:9

If anyone turns a deaf ear to the law, even his prayers are detestable.
Proverbs 28:9, NIV

주의 궁정에서의 한 날이
다른 곳에서의 천 날보다 나은즉
악인의 장막에 사는 것보다 내 하나님의
성전 문지기로 있는 것이 좋사오니

시편 84:10

Better is one day in your courts than a thousand elsewhere;
I would rather be a doorkeeper in the house of my God
than dwell in the tents of the wicked. - Psalms 84:10, NIV

우리가 그의 계신 곳으로 들어가서
그의 발등상 앞에서 엎드려 예배하리로다

시편 132:7

Let us go to his dwelling place; let us worship at his footstool
Psalms 132:7, NIV

여호와가 너를 항상 인도하여
메마른 곳에서도 네 영혼을 만족하게 하며
네 뼈를 견고하게 하리니
너는 물 댄 동산 같겠고
물이 끊어지지 아니하는 샘 같을 것이라

이사야 58:11

The LORD will guide you always; he will satisfy your needs
in a sun-scorched land and will strengthen your frame.
You will be like a well-watered garden, like a spring whose waters never fail.
Isaiah 58:11, NIV

내가 진실로 너희에게 이르노니
온 천하에 어디서든지 복음이 전파되는 곳에는
이 여자가 행한 일도 말하여
그를 기억하리라 하시니라

마가복음 14:9

I tell you the truth, wherever the gospel is preached throughout
the world, what she has done will also be told, in memory of her.
Mark 14:9, NIV

일어나라 빛을 발하라
이는 네 빛이 이르렀고
여호와의 영광이
네 위에 임하였음이니라

이사야 60:1

Arise, shine, for your light has come,
and the glory of the LORD rises upon you. - Isaiah 60:1, NIV

내 양은 내 음성을 들으며
나는 그들을 알며
그들은 나를 따르느니라

요한복음 10:27

My sheep listen to my voice; I know them, and they follow me.
John 10:27, NIV

이르시되 어찌하여 자느냐
시험에 들지 않게
일어나 기도하라 하시니라

누가복음 22:46

"Why are you sleeping?" he asked them.
"Get up and pray so that you will not fall into temptation."
Luke 22:46, NIV

하나님께 속한 자는
하나님의 말씀을 듣나니
너희가 듣지 아니함은
하나님께 속하지 아니하였음이로다

요한복음 8:47

He who belongs to God hears what God says.
The reason you do not hear is that you do not belong to God.
John 8:47, NIV

가난한 자를 불쌍히 여기는 것은
여호와께 꾸어 드리는 것이니
그의 선행을 그에게 갚아 주시리라

잠언 19:17

He who is kind to the poor lends to the LORD,
and he will reward him for what he has done. - Proverbs 19:17, NIV

진리를 알지니
진리가 너희를 자유롭게 하리라

요한복음 8:32

Then you will know the truth, and the truth will set you free.
John 8:32, NIV

사무엘이 이르되
여호와께서 번제와 다른 제사를
그의 목소리를 청종하는 것을 좋아하심 같이
좋아하시겠나이까
순종이 제사보다 낫고
듣는 것이 숫양의 기름보다 나으니

사무엘상 15:22

But Samuel replied: "Does the LORD delight in burnt offerings
and sacrifices as much as in obeying the voice of the LORD?
To obey is better than sacrifice, and to heed is better than the fat of rams.
1 Samuel 15:22, NIV

누구든지 성령을 모독하는 자는
영원히 사하심을 얻지 못하고
영원한 죄가 되느니라 하시니

마가복음 3:29

But whoever blasphemes against the Holy Spirit
will never be forgiven; he is guilty of an eternal sin.
Mark 3:29, NIV

누가 철학과 헛된 속임수로
너희를 사로잡을까 주의하라
이것은 사람의 전통과
세상의 초등학문을 따름이요
그리스도를 따름이 아니니라

골로새서 2:8

See to it that no one takes you captive through hollow
and deceptive philosophy, which depends on human tradition
and the basic principles of this world rather than on Christ.
Colossians 2:8, NIV

예수께서 들으시고 그들에게 이르시되
건강한 자에게는 의사가 쓸 데 없고
병든 자에게라야 쓸 데 있느니라
나는 의인을 부르러 온 것이 아니요
죄인을 부르러 왔노라 하시니라

마가복음 2:17

On hearing this, Jesus said to them,
"It is not the healthy who need a doctor, but the sick.
I have not come to call the righteous, but sinners.- Mark 2:17, NIV

스스로 속이지 말라
하나님은 업신여김을 받지 아니하시나니
사람이 무엇으로 심든지
그대로 거두리라

갈라디아서 6:7

Do not be deceived: God cannot be mocked.
A man reaps what he sows. - Galatians 6:7, NIV

천국은 마치 밭에 감추인 보화와 같으니
사람이 이를 발견한 후
숨겨 두고 기뻐하며 돌아가서
자기의 소유를 다 팔아 그 밭을 사느니라

마태복음 13:44

The kingdom of heaven is like treasure hidden in a field.
When a man found it, he hid it again, and then in his joy went
and sold all he had and bought that field. - Matthew 13:44, NIV

우리는 하나님의 동역자들이요
너희는 하나님의 밭이요
하나님의 집이니라

고린도전서 3:9

For we are God's fellow workers; you are God's field, God's building.
1 Corinthians 3:9, NIV

여호와께서
자기 백성에게 힘을 주심이여
여호와께서 자기 백성에게
평강의 복을 주시리로다

시편 29:11

The LORD gives strength to his people;
the LORD blesses his people with peace.
Psalms 29:11, NIV

부와 귀가 주께로 말미암고
또 주는 만물의 주재가 되사
손에 권세와 능력이 있사오니
모든 사람을 크게 하심과 강하게 하심이
주의 손에 있나이다

역대상 29:12

Wealth and honor come from you; you are the ruler of all things.
In your hands are strength and power to exalt and give strength to all.
1 Chronicles 29:12, NIV

사람이 성내는 것이
하나님의 의를 이루지 못함이라

야고보서 1:20

for man's anger does not bring about
the righteous life that God desires. - James 1:20, NIV

너희는 값으로 사신 것이니
사람들의 종이 되지 말라

고린도전서 7:23

You were bought at a price; do not become slaves of men.
1 Corinthians 7:23, NIV

이는
내 생각이 너희의 생각과 다르며
내 길은 너희의 길과 다름이니라
여호와의 말씀이니라

이사야 55:8

"For my thoughts are not your thoughts,
neither are your ways my ways," declares the LORD.
Isaiah 55:8, NIV

부하려 하는 자들은
시험과 올무와 여러 가지
어리석고 해로운 욕심에 떨어지나니
곧 사람으로 파멸과 멸망에
빠지게 하는 것이라

🌟 디모데전서 6:9

People who want to get rich fall into temptation
and a trap and into many foolish and harmful desires
that plunge men into ruin and destruction. - 1 Timothy 6:9, NIV

내가 하나님을 의지하고
그 말씀을 찬송하올지라
내가 하나님을 의지하였은즉
두려워하지 아니하리니
혈육을 가진 사람이 내게 어찌하리이까

시편 56:4

In God, whose word I praise, in God I trust;
I will not be afraid. What can mortal man do to me?
Psalms 56:4, NIV

아무 일에든지
다툼이나 허영으로 하지 말고
오직 겸손한 마음으로
각각 자기보다 남을 낮게 여기고

빌립보서 2:3

Do nothing out of selfish ambition or vain conceit,
but in humility consider others better than yourselves.
Philippians 2:3, NIV

길을 여는 자가 그들 앞에 올라가고
그들은 길을 열어 성문에 이르러서는
그리로 나갈 것이며
그들의 왕이 앞서 가며
여호와께서는 선두로 가시리라

미가 2:13

One who breaks open the way will go up before them;
they will break through the gate and go out.
Their king will pass through before them, the LORD at their head.
Micah 2:13, NIV

너희는 하나님의 은혜에
이르지 못하는 자가 없도록 하고
또 쓴 뿌리가 나서 괴롭게 하여
많은 사람이 이로 말미암아
더럽게 되지 않게 하며

히브리서 12:15

See to it that no one misses the grace of God
and that no bitter root grows up to cause trouble and defile many.
Hebrews 12:15, NIV

이것은 너희가 쉴 곳이 아니니
일어나 떠날지어다
이는 그것이 이미 더러워졌음이니라
그런즉 반드시 멸하리니
그 멸망이 크리라

미가 2:10

Get up, go away! For this is not your resting place,
because it is defiled, it is ruined, beyond all remedy.
Micah 2:10, NIV

그러므로 어디서 떨어졌는지를 생각하고
회개하여 처음 행위를 가지라
만일 그리하지 아니하고 회개하지 아니하면
내가 네게 가서 네 촛대를 그 자리에서 옮기리라

요한계시록 2:5

Remember the height from which you have fallen!
Repent and do the things you did at first.
If you do not repent, I will come to you and remove your lampstand from its place.
Revelation 2:5, NIV

오직 나는 여호와를 우러러보며
나를 구원하시는 하나님을 바라보나니
나의 하나님이
나에게 귀를 기울이시리로다

미가 7:7

But as for me, I watch in hope for the LORD,
I wait for God my Savior; my God will hear me. - Micah 7:7, NIV

그 주인이 이르되
잘하였도다 착하고 충성된 종아
네가 적은 일에 충성하였으매
내가 많은 것을 네게 맡기리니
네 주인의 즐거움에 참여할지어다 하고

마태복음 25:21

"His master replied, 'Well done, good and faithful servant!
You have been faithful with a few things; I will put you in charge of many things.
Come and share your master's happiness!' - Matthew 25:21, NIV

또 여호와를 기뻐하라
그가 네 마음의 소원을
네게 이루어 주시리로다

시편 37:4

Delight yourself in the LORD
and he will give you the desires of your heart.
Psalms 37:4, NIV

여호와께서
네가 행한 일에 보답하시기를 원하며
이스라엘의 하나님 여호와께서
그의 날개 아래에 보호를 받으러 온 네게
온전한 상 주시기를 원하노라 하는지라

룻기 2:12

May the LORD repay you for what you have done.
May you be richly rewarded by the LORD, the God of Israel,
under whose wings you have come to take refuge. - Ruth 2:12, NIV

이 말씀은
나의 고난 중의 위로라
주의 말씀이 나를
살리셨기 때문이니이다

시편 119:50

My comfort in my suffering is this:
Your promise preserves my life. - Psalms 119:50, NIV

내 안에 거하라
나도 너희 안에 거하리라
가지가 포도나무에 붙어 있지 아니하면
스스로 열매를 맺을 수 없음 같이
너희도 내 안에 있지 아니하면 그러하리라

요한복음 15:4

Remain in me, and I will remain in you.
No branch can bear fruit by itself; it must remain in the vine.
Neither can you bear fruit unless you remain in me.
John 15:4, NIV

주의 종에게 하신 말씀을 기억하소서
주께서 내게 소망을 가지게 하셨나이다

시편 119:49

Remember your word to your servant,
for you have given me hope. - Psalms 119:49, NIV

02

내 계명은
곧 내가 너희를 사랑한 것 같이
너희도 서로 사랑하라 하는
이것이니라

요한복음 15:12

My command is this: Love each other as I have loved you.
John 15:12, NIV

그 두루마리를 취하시매
네 생물과 이십사 장로들이 그 어린 양 앞에 엎드려
각각 거문고와 향이 가득한 금 대접을 가졌으니
이 향은 성도의 기도들이라

요한계시록 5:8

And when he had taken it, the four living creatures
and the twenty-four elders fell down before the Lamb.
Each one had a harp and they were holding golden bowls full of incense,
which are the prayers of the saints. – Revelation 5:8, NIV

하나님께 가까이 함이 내게 복이라
내가 주 여호와를 나의 피난처로 삼아
주의 모든 행적을 전파하리이다

시편 73:28

But as for me, it is good to be near God.
I have made the Sovereign LORD my refuge; I will tell of all your deeds.
Psalms 73:28, NIV

자녀들아 너희는 하나님께 속하였고
또 그들을 이기었나니
이는 너희 안에 계신 이가
세상에 있는 자보다 크심이라

요한1서 4:4

You, dear children, are from God and have overcome them,
because the one who is in you is greater than the one who is in the world.
1 John 4:4, NIV

내가 또 너희에게 이르노니
구하라 그러면 너희에게 주실 것이요
찾으라 그러면 찾아낼 것이요
문을 두드리라
그러면 너희에게 열릴 것이니

누가복음 11:9

"So I say to you: Ask and it will be given to you;
seek and you will find; knock and the door will be opened to you.
Luke 11:9, NIV

스스로 말하는 자는 자기 영광만 구하되
보내신 이의 영광을 구하는 자는 참되니
그 속에 불의가 없느니라

요한복음 7:18

He who speaks on his own does so to gain honor for himself,
but he who works for the honor of the one who sent him is a man of truth;
there is nothing false about him. - John 7:18, NIV

너희 믿음의 확실함은
불로 연단하여도 없어질 금보다 더 귀하여
예수 그리스도께서 나타나실 때에
칭찬과 영광과 존귀를 얻게 할 것이니라

베드로전서 1:7

These have come so that your faith—of greater worth than gold,
which perishes even though refined by fire—may be proved genuine
and may result in praise, glory and honor when Jesus Christ is revealed.
1 Peter 1:7, NIV

너희 중 한 사람이 천 명을 쫓으리니
이는 너희의 하나님 여호와
그가 너희에게 말씀하신 것 같이
너희를 위하여 싸우심이라

여호수아 23:10

One of you routs a thousand,
because the LORD your God fights for you, just as he promised.
Joshua 23:10, NIV

내 심령에 이르기를
여호와는 나의 기업이시니
그러므로 내가 그를 바라리라 하도다

예레미야애가 3:24

I say to myself,
"The LORD is my portion; therefore I will wait for him."
Lamentations 3:24, NIV

여호와께서 집을 세우지 아니하시면
세우는 자의 수고가 헛되며
여호와께서 성을 지키지 아니하시면
파수꾼의 깨어 있음이 헛되도다

시편 127:1

Unless the LORD builds the house, its builders labor in vain.
Unless the LORD watches over the city,
the watchmen stand guard in vain. - Psalms 127:1, NIV

환난과 우환이 내게 미쳤으나
주의 계명은 나의 즐거움이니이다

시편 119:143

Trouble and distress have come upon me,
but your commands are my delight.
Psalms 119:143

여호와는
나의 빛이요 나의 구원이시니
내가 누구를 두려워하리요
여호와는 내 생명의 능력이시니
내가 누구를 무서워하리요

시편 27:1

The LORD is my light and my salvation– whom shall I fear?
The LORD is the stronghold of my life– of whom shall I be afraid?
Psalms 27:1, NIV

여호와께서 이르시되
내가 내 모든 선한 것을 네 앞으로 지나가게 하고
여호와의 이름을 네 앞에 선포하리라
나는 은혜 베풀 자에게 은혜를 베풀고
긍휼히 여길 자에게 긍휼을 베푸느니라

출애굽기 33:19

And the LORD said, "I will cause all my goodness to pass in front of you,
and I will proclaim my name, the LORD, in your presence.
I will have mercy on whom I will have mercy,
and I will have compassion on whom I will have compassion.
Exodus 33:19, NIV

그러므로 이제부터 너희는
외인도 아니요 나그네도 아니요
오직 성도들과 동일한 시민이요
하나님의 권속이라

에베소서 2:19

Consequently, you are no longer foreigners and aliens,
but fellow citizens with God's people
and members of God's household - Ephesians 2:19, NIV

09

우리는 그가 만드신 바라
그리스도 예수 안에서
선한 일을 위하여 지으심을 받은 자니
이 일은 하나님이 전에 예비하사
우리로 그 가운데서 행하게 하려 하심이니라

에베소서 2:10

For we are God's workmanship, created in Christ Jesus to do good works,
which God prepared in advance for us to do.
Ephesians 2:10, NIV

예수께서 대답하여 이르시되
내 어머니와 내 동생들은
곧 하나님의 말씀을 듣고 행하는
이 사람들이라 하시니라

누가복음 8:21

He replied, "My mother and brothers are those who
hear God's word and put it into practice." - Luke 8:21, NIV

10

만물의 마지막이 가까이 왔으니
그러므로 너희는 정신을 차리고
근신하여 기도하라

베드로전서 4:7

The end of all things is near.
Therefore be clear minded and self-controlled so that you can pray.
1 Peter 4:7, NIV

시험을 참는 자는 복이 있나니
이는 시련을 견디어 낸 자가
주께서 자기를 사랑하는 자들에게 약속하신
생명의 면류관을 얻을 것이기 때문이라

야고보서 1:12

Blessed is the man who perseveres under trial,
because when he has stood the test, he will receive the crown of life
that God has promised to those who love him. - James 1:12, NIV

너는 그들을 두려워하지 말라
너희의 하나님 여호와
곧 크고 두려운 하나님이
너희 중에 계심이니라

신명기 7:21

Do not be terrified by them, for the LORD your God,
who is among you, is a great and awesome God.
Deuteronomy 7:21, NIV

너희의 하나님이 이르시되
너희는 위로하라 내 백성을 위로하라

이사야 40:1

Comfort, comfort my people, says your God.
Isaiah 40:1, NIV

나는 제비 같이, 학 같이 지저귀며
비둘기 같이 슬피 울며
내 눈이 쇠하도록 앙망하나이다
여호와여 내가 압제를 받사오니
나의 중보가 되옵소서

이사야 38:14

I cried like a swift or thrush, I moaned like a mourning dove.
My eyes grew weak as I looked to the heavens.
I am troubled; O Lord, come to my aid! - Isaiah 38:14, NIV

여호와여 내가 주께서 계신 집과
주의 영광이 머무는 곳을 사랑하오니

시편 26:8

I love the house where you live,
O LORD, the place where your glory dwells. - Psalms 26:8, NIV

내가 주는 물을 마시는 자는
영원히 목마르지 아니하리니
내가 주는 물은 그 속에서 영생하도록
솟아나는 샘물이 되리라

요한복음 4:14

but whoever drinks the water I give him will never thirst.
Indeed, the water I give him will become in him a spring of water
welling up to eternal life. - John 4:14, NIV

주께서 택하시고 가까이 오게 하사
주의 뜰에 살게 하신 사람은 복이 있나이다
우리가 주의 집
곧 주의 성전의 아름다움으로 만족하리이다

시편 65:4

Blessed are those you choose and bring near to live in your courts!
We are filled with the good things of your house, of your holy temple.
Psalms 65:4, NIV

너희는 그들을 두려워하지 말라
너희의 하나님 여호와께서
친히 너희를 위하여 싸우시리라 하였노라

신명기 3:22

Do not be afraid of them; the LORD your God himself will fight for you.
Deuteronomy 3:22, NIV

17

여호와의 친밀하심이
그를 경외하는 자들에게 있음이여
그의 언약을 그들에게 보이시리로다

시편 25:14

The LORD confides in those who fear him;
he makes his covenant known to them. - Psalms 25:14, NIV

여호와는
마음이 상한 자를 가까이 하시고
충심으로 통회하는 자를
구원하시는도다

시편 34:18

The LORD is close to the brokenhearted
and saves those who are crushed in spirit.
Psalms 34:18, NIV

너희는 옷을 찢지 말고 마음을 찢고
너희 하나님 여호와께로 돌아올지어다
그는 은혜로우시며 자비로우시며
노하기를 더디하시며 인애가 크시사
뜻을 돌이켜 재앙을 내리지 아니하시나니

요엘 2:13

Rend your heart and not your garments. Return to the LORD your God,
for he is gracious and compassionate,
slow to anger and abounding in love, and he relents from sending calamity.
Joel 2:13, NIV

여호와는 나의 힘과 나의 방패이시니
내 마음이 그를 의지하여 도움을 얻었도다
그러므로 내 마음이 크게 기뻐하며
내 노래로 그를 찬송하리로다

시편 28:7

The LORD is my strength and my shield;
my heart trusts in him, and I am helped. My heart leaps for joy
and I will give thanks to him in song. - Psalms 28:7, NIV

네 짐을 여호와께 맡기라
그가 너를 붙드시고
의인의 요동함을
영원히 허락하지 아니하시리로다

시편 55:22

Cast your cares on the LORD and he will sustain you;
he will never let the righteous fall. - Psalms 55:22, NIV

하나님께서 구하시는 제사는
상한 심령이라
하나님이여 상하고 통회하는 마음을
주께서 멸시하지 아니하시리이다

시편 51:17

The sacrifices of God are a broken spirit;
a broken and contrite heart, O God, you will not despise.
Psalms 51:17, NIV

네 시작은 미약하였으나
네 나중은 심히 창대하리라

욥기 8:7

Your beginnings will seem humble,
so prosperous will your future be. - Job 8:7, NIV

18

너희는 강하고 담대하라
두려워하지 말라 그들 앞에서 떨지 말라
이는 네 하나님 여호와 그가 너와 함께 가시며
결코 너를 떠나지 아니하시며
버리지 아니하실 것임이라 하고

신명기 31:6

Be strong and courageous. Do not be afraid or terrified because of them,
for the LORD your God goes with you; he will never leave you nor forsake you.
Deuteronomy 31:6, NIV

사람이 나를 섬기려면 나를 따르라
나 있는 곳에
나를 섬기는 자도 거기 있으리니
사람이 나를 섬기면
내 아버지께서 그를 귀히 여기시리라

요한복음 12:26

Whoever serves me must follow me; and where I am, my servant also will be.
My Father will honor the one who serves me. - John 12:26, NIV

그는 너희보다 먼저 그 길을 가시며
장막 칠 곳을 찾으시고
밤에는 불로, 낮에는 구름으로
너희가 갈 길을 지시하신 자이시니라

신명기 1:33

who went ahead of you on your journey, in fire by night and in a cloud by day,
to search out places for you to camp and to show you the way you should go.
Deuteronomy 1:33, NIV

땅을 돌보사
물을 대어 심히 윤택하게 하시며
하나님의 강에 물이 가득하게 하시고
이같이 땅을 예비하신 후에
그들에게 곡식을 주시나이다

시편 65:9

You care for the land and water it; you enrich it abundantly.
The streams of God are filled with water to provide the people with grain,
for so you have ordained it. - Psalms 65:9, NIV

우리가 무슨 일이든지
우리에게서 난 것 같이
스스로 만족할 것이 아니니
우리의 만족은
오직 하나님으로부터 나느니라

고린도후서 3:5

Not that we are competent in ourselves to claim anything for ourselves,
but our competence comes from God. - 2 Corinthians 3:5,NIV

오라 우리가 여호와께로 돌아가자
여호와께서 우리를 찢으셨으나
도로 낫게 하실 것이요
우리를 치셨으나 싸매어 주실 것임이라

호세아 6:1

Come, let us return to the LORD.
He has torn us to pieces but he will heal us; he has injured us
but he will bind up our wounds. - Hosea 6:1, NIV

볼지어다
내가 네 앞에 열린 문을 두었으되
능히 닫을 사람이 없으리라
내가 네 행위를 아노니
네가 작은 능력을 가지고서도 내 말을 지키며
내 이름을 배반하지 아니하였도다

요한계시록 3:8

I know your deeds. See,
I have placed before you an open door that no one can shut.
I know that you have little strength, yet you have kept my word
and have not denied my name. - Revelation 3:8,NIV

육신의 생각은 하나님과
원수가 되나니 이는 하나님의 법에
굴복하지 아니할 뿐 아니라
할 수도 없음이라

로마서 8:7

the sinful mind is hostile to God. It does
not submit to God's law, nor can it do so.
Romans 8:7, NIV

내가 여호와로 말미암아 크게 기뻐하며
내 영혼이 나의 하나님으로 말미암아 즐거워하리니
이는 그가 구원의 옷을 내게 입히시며
공의의 겉옷을 내게 더하심이
신랑이 사모를 쓰며
신부가 자기 보석으로 단장함 같게 하셨음이라

이사야 61:10

I delight greatly in the LORD; my soul rejoices in my God.
For he has clothed me with garments of salvation and arrayed me in a robe of righteousness,
as a bridegroom adorns his head like a priest, and as a bride adorns herself with her jewels.
Isaiah 61:10, NIV

진실로 다시 너희에게 이르노니
너희 중의 두 사람이 땅에서 합심하여
무엇이든지 구하면
하늘에 계신 내 아버지께서
그들을 위하여 이루게 하시리라

마태복음 18:19

Again, I tell you that if two of you on earth agree about anything you ask for,
it will be done for you by my Father in heaven. - Matthew 18:19, NIV

시온의 자녀들아
너희는 너희 하나님 여호와로 말미암아
기뻐하며 즐거워할지어다
그가 너희를 위하여 비를 내리시되
이른 비를 너희에게 적당하게 주시리니
이른 비와 늦은 비가 예전과 같을 것이라

요엘 2:23

Be glad, O people of Zion, rejoice in the LORD your God,
for he has given you the autumn rains in righteousness.
He sends you abundant showers, both autumn and spring rains, as before.
Joel 2:23, NIV

주께서 내 원수의 목전에서
내게 상을 차려 주시고
기름을 내 머리에 부으셨으니
내 잔이 넘치나이다

시편 23:5

You prepare a table before me in the presence of my enemies.
You anoint my head with oil; my cup overflows.
Psalms 23:5, NIV

여호와여
위대하심과 권능과 영광과 승리와 위엄이
다 주께 속하였사오니
천지에 있는 것이 다 주의 것이로소이다
여호와여 주권도 주께 속하였사오니
주는 높으사 만물의 머리이심이니이다

역대상 29:11

Yours, O LORD, is the greatness and the power
and the glory and the majesty and the splendor,
for everything in heaven and earth is yours.
Yours, O LORD, is the kingdom; you are exalted as head over all.
1 Chronicles 29:11,NIV

내 영혼아 네가 어찌하여 낙심하며
어찌하여 내 속에서 불안해 하는가
너는 하나님께 소망을 두라
그가 나타나 도우심으로 말미암아
내가 여전히 찬송하리로다

시편 42:5

Why are you downcast, O my soul? Why so disturbed within me?
Put your hope in God, for I will yet praise him, my Savior and
Psalms 42:5, NIV

네 하나님 여호와께서 이 사십 년 동안에
네게 광야 길을 걷게 하신 것을 기억하라
이는 너를 낮추시며 너를 시험하사
네 마음이 어떠한지
그 명령을 지키는지 지키지 않는지 알려 하심이라

신명기 8:2

Remember how the LORD your God led you all the way in the desert these forty years,
to humble you and to test you in order to know what was in your heart,
whether or not you would keep his commands. - Deuteronomy 8:2, NIV

네가 밭에서 곡식을 벨 때에
그 한 뭇을 밭에 잊어버렸거든
다시 가서 가져오지 말고
나그네와 고아와 과부를 위하여 남겨두라
그리하면 네 하나님 여호와께서
네 손으로 하는 모든 일에 복을 내리시리라

신명기 24:19

When you are harvesting in your field and you overlook a sheaf,
do not go back to get it. Leave it for the alien, the fatherless and the widow,
so that the LORD your God may bless you in all the work of your hands.
Deuteronomy 24:19, NIV

네 하나님 여호와께서
돌보아 주시는 땅이라
연초부터 연말까지
네 하나님 여호와의 눈이
항상 그 위에 있느니라

신명기 11:12

It is a land the LORD your God cares for; the eyes of the LORD your God
are continually on it from the beginning of the year to its end.
Deuteronomy 11:12, NIV

한 사람이면 패하겠거니와
두 사람이면 맞설 수 있나니
세 겹 줄은 쉽게 끊어지지 아니하느니라

전도서 4:12

Though one may be overpowered, two can defend themselves.
A cord of three strands is not quickly broken. -Ecclesiastes 4:12, NIV

하늘에 있는 자들과
땅에 있는 자들과
땅 아래에 있는 자들로
모든 무릎을
예수의 이름에 꿇게 하시고

빌립보서 2:10

that at the name of Jesus every knee should bow,
in heaven and on earth and under the earth - Philippians 2:10, NIV

너는 네 떡을 물 위에 던져라
여러 날 후에 도로 찾으리라

전도서 11:1

Cast your bread upon the waters,
for after many days you will find it again.
Ecclesiastes 11:1, NIV

또한 모든 것을 해로 여김은
내 주 그리스도 예수를 아는 지식이
가장 고상하기 때문이라
내가 그를 위하여 모든 것을 잃어버리고
배설물로 여김은 그리스도를 얻고

빌립보서 3:8

What is more, I consider everything a loss compared to
the surpassing greatness of knowing Christ Jesus my Lord,
for whose sake I have lost all things.
I consider them rubbish, that I may gain Christ - Philippians 3:8, NIV

나를 주 앞에서 쫓아내지 마시며
주의 성령을 내게서 거두지 마소서

시편 51:11

Do not cast me from your presence or
take your Holy Spirit from me. - Psalms 51:11, NIV

나의 하나님이
그리스도 예수 안에서 영광 가운데
그 풍성한 대로
너희 모든 쓸 것을 채우시리라

빌립보서 4:19

And my God will meet all your needs according to
his glorious riches in Christ Jesus. - Philippians 4:19, NIV

대답하되 주여 누구시니이까
이르시되 나는 네가 박해하는 예수라

사도행전 9:5

"Who are you, Lord?" Saul asked.
"I am Jesus, whom you are persecuting," he replied.
Acts 9:5, NIV

너희 하나님 여호와는
너희와 함께 행하시며
너희를 위하여 너희 적군과 싸우시고
구원하실 것이라 할 것이며

신명기 20:4

For the LORD your God is the one who goes with you
to fight for you against your enemies to give you victory.
Deuteronomy 20:4, NIV

말씀이 육신이 되어 우리 가운데 거하시매
우리가 그의 영광을 보니
아버지의 독생자의 영광이요
은혜와 진리가 충만하더라

요한복음 1:14

The Word became flesh and made his dwelling among us.
We have seen his glory, the glory of the One and Only,
who came from the Father, full of grace and truth. - John 1:14, NIV